Für jeden Tag!

VEGANE KÜCHE

Parragon

Bath • New York • Cologne • Melbourne • Delhi
Hong Kong • Shenzhen • Singapore

INHALT

EINLEITUNG

Immer mehr Menschen möchten sich gern vegan ernähren, versuchen umzusteigen oder möchten wenigstens manchmal beim Kochen und Backen auf jegliche tierische Produkte verzichten. Anders als der Vegetarier verzichtet der Veganer nämlich nicht nur auf Fleisch und Fisch, sondern auch auf Eier, Milchprodukte und Honig. Viele Veganer weiten diesen Verzicht sogar auf andere Lebensbereiche aus, indem sie Leder- und Wollbekleidung ablehnen und keine Kosmetik oder Reinigungsprodukte, die tierische Bestandteile enthalten oder im Tierversuch getestet sind, verwenden. Weil der vegane Lebensstil immer mehr Anhänger findet, gibt es im Handel mittlerweile folglich eine recht große Produktpalette, die diesen Anforderungen entspricht.

Dennoch ist Wachsamkeit angeraten. Nicht alle Produkte, die wir auf den ersten Blick als pflanzlich ausmachen, erfüllen die strengen Kriterien für Veganer. Früchte können etwa mit Bienenwachs beschichtet sein, damit sie im Laden schön glänzen; der Farbstoff E120 wird aus Insekten gewonnen und Gelatine (Geliermittel) aus Haut, Sehnen oder Knochen – um nur einige Beispiele zu nennen.

Die Zutatenlisten von Fertig- oder Halbfertigprodukten müssen auf jeden Fall gründlich geprüft werden. Vorsicht ist deshalb auch bei Margarine als Butterersatz geboten! Auch hier gibt – glücklicherweise – die Zutatenliste Auskunft über Inhaltsstoffe tierischen Ursprungs. Wenn Sie die halbfeste Konsistenz nicht unbedingt für ein Rezept brauchen, ist ein hochwertiges Pflanzenöl immer eine gute Alternative.

Früher galt vielen Kritikern der Vegetarismus als ungesund. Sie argumentierten, dass eine naturgemäße, ausgewogene Ernährung auch Fleisch enthalten müsse, doch Millionen von gesunden Vegetariern und Veganern beweisen das Gegenteil. Aktuelle Studien belegen, dass der Verzehr von insbesondere rotem Fleisch in einer gesunden Ernährung – wenn überhaupt – nur eine untergeordnete Rolle spielen sollte. Für Menschen, die sich aus gesundheitlichen oder moralischen Gründen, etwa wegen des Tierschutzes, entscheiden, auf tierische Produkte zu verzichten, ist der Wechsel von der fleischlosen zur veganen Ernährung eigentlich nur ein logischer Schritt. Milchprodukte sind häufig stark fett- und cholesterinhaltig und daher angesichts der Zivilisationskrankheiten Herzinfarkt und Schlaganfall oftmals nicht angeraten. Zudem leistet der hohe Konsum von Eiern und Milchprodukten einer lebensverachtenden Massentierhaltung Vorschub. Früher waren es die Vegetarier, heute sind es vorrangig die Veganer, die sich mit dem uralten Argument konfrontiert sehen, eine rein pflanzliche Ernährung sei ungesund. Die Erfahrungen sind jedoch mittlerweile so umfangreich, dass man dem widersprechen kann, ohne ideologisch als verblendet zu gelten. Zahllose Veganer berichten, dass eine rein pflanzliche Kost ihr Wohlbefinden gesteigert oder sogar ihre Gesundheit verbesserte hat und sie sich durchaus vital und fit fühlen.

Da die Weltbevölkerung auf nicht absehbare Zeit stetig wächst, müssen im Übrigen neue Wege gefunden werden, möglichst alle Menschen zu ernähren, ohne die Ressourcen aufzubrauchen oder nur für den wohlhabenden Teil der Menschheit zu nutzen. Die Milchwirtschaft noch auszuweiten oder den Ertrag von Nutztieren durch genetische Manipulation zu steigern, darf hier nicht die Lösung sein. Tatsache ist, dass der Mensch für eine gesunde Ernährung nicht zwangsläufig tierische Produkte benötigt. Und Fakt ist ebenfalls, dass in der landwirtschaftlichen Tierhaltung Unmengen an Wasser und Getreide als Futtermittel verbraucht werden, die auch dazu dienen könnten, hungernde Menschen zu ernähren.

Es ist höchste Zeit, unsere Ernährung zu überdenken. Eine rein pflanzliche Kost ist vernünftig, gesund und umweltfreundlich. Doch der Mensch isst auch, um zu genießen. Daher legen wir Ihnen dieses Buch ans Herz, in dem Sie eine Vielzahl von leckeren Gerichten für jede Tageszeit sowie Desserts und Süßes finden. Ja, Veganer essen auch Kuchen und Eis! Ob Sie Anfänger in der veganen Küche sind oder einfach nur ein wenig kulinarische Inspiration suchen, von diesen köstlichen Rezepten werden Sie begeistert sein.

FRISCHE VITAMINE

Erdnussbuttermüsli mit Blaubeeren

8

Für 3–4 Portionen Vorbereitung: 10 Min. Garzeit: 25 Min.

Zutaten

160 g feine Haferflocken

3 EL Leinsamenmehl

30 g vegane Margarine

50 g Erdnussbutter mit Stücken

50 g heller Agavendicksaft

einige Tropfen Vanilleextrakt

Sojamilch oder Sojajoghurt und Blaubeeren, zum Servieren

Zubereitung

1 Den Backofen auf 160 °C vorheizen. Ein Backblech mit Backpapier auslegen.

2 Haferflocken und Leinsamenmehl in einer großen Schüssel sorgfältig mischen.

3 Margarine, Erdnussbutter und Agavendicksaft entweder in einem kleinen Topf auf niedriger Stufe oder in einem geeigneten Gefäß in der Mikrowelle erhitzen, bis die Margarine geschmolzen ist. Den Vanilleextrakt zufügen und gut unterrühren.

4 Die heiße Flüssigkeit in die Schüssel mit der Haferflockenmischung gießen und alles gut vermengen.

5 Die Mischung auf dem Backblech verteilen. 20 Minuten im vorgeheizten Ofen backen, bis sie getrocknet ist und langsam goldgelb wird. Aus dem Ofen nehmen und auskühlen lassen. Das Müsli zerbröckeln und in einem luftdicht verschließbaren Behälter lagern oder sofort mit Sojamilch oder Sojajoghurt und frischen Blaubeeren servieren.

Obstsalat mit Müsli-Cookies

Für 2 Salate und 30 Cookies

Vorbereitung: 30 Min.

Garzeit: 15 Min.

Zutaten

Obstsalat

1 große Orange
1 Grapefruit
1 rotfleischige Grapefruit
Ahornsirup, nach Geschmack

Cookies

160 g vegane Margarine
300 g Zucker
175 g Mehl
½ TL Backpulver
50 g Leinsamenmehl
1 TL Zimt
½ TL Salz
125 ml Sojamilch
einige Tropfen Vanilleextrakt
50 g Rosinen
50 g fein gehackte Datteln
50 g fein gehackte Walnüsse
250 g zarte Haferflocken

Zubereitung

1 Den Backofen auf 180 °C vorheizen. Ein großes Backblech mit Backpapier auslegen.

2 Für die Cookies Margarine und Zucker in einer großen Rührschüssel cremig rühren. Mehl und Backpulver hineinsieben und zusammen mit Leinsamenmehl, Zimt und Salz unterrühren.

3 Sojamilch und Vanilleextrakt in einer Schüssel verquirlen und zusammen mit Rosinen, Datteln, Walnüssen und Haferflocken in den Teig geben. Alles gut vermengen.

4 Eine kleine Portion Teig abtrennen und zu einer Kugel mit 4 cm Ø formen. Auf das vorbereitete Blech geben und ein wenig flach drücken. Auf diese Weise etwa 30 Cookies herstellen. 15 Minuten im Ofen goldgelb backen. Kurz auf dem Blech abkühlen lassen, dann auf ein Kuchengitter heben.

5 Für den Obstsalat die Früchte mit einem Messer von Schale und weißer Haut befreien. Dann entlang der einzelnen Segmente einschneiden, um die Zitrusfilets herauszulösen. Auf zwei Servierschalen verteilen, mit Ahornsirup nach Geschmack beträufeln und mit Cookies servieren. Luftdicht verschlossen sind die restlichen Cookies bis zu 5 Tage haltbar.

Hafergrütze mit Früchten

Für 2 Portionen | Vorbereitung: 5 Min. | Garzeit: 10 Min.

Zutaten

100 g feine Haferflocken

1 Prise Salz

50 g exotischer Früchte-Nuss-Mix

1 große oder 2 kleine Bananen

fettreduzierte Kokosmilch, zum Servieren

Zubereitung

1 Haferflocken, 300 ml heißes Wasser und Salz in einem Topf vermengen und zum Kochen bringen. 5 Minuten auf niedriger Stufe unter häufigem Rühren köcheln, bis die Masse andickt und schön cremig ist.

2 Kurz vor Garende den Früchte-Nuss-Mix unterrühren und 1 weitere Minute köcheln.

3 Die Grütze auf zwei Servierschalen verteilen. Die Banane schälen, in Scheiben schneiden und auf die Schalen verteilen. Sofort mit der Kokosmilch servieren.

Buchweizenbrei mit Erdbeeren

Für 6 Portionen

Vorbereitung: 10 Min. plus Einweichzeit

Garzeit: keine

Zutaten

Mandelmilch

70 g ganze Mandeln, über Nacht in Wasser eingeweicht

Brei

350 g roher Buchweizenschrot, 90 Minuten in kaltem Wasser eingeweicht

1 TL Zimt

2 EL heller Agavendicksaft, plus etwas mehr zum Servieren

frische Erdbeerscheiben, zum Servieren

Zubereitung

1 Für die Mandelmilch die Mandeln abgießen und in eine Küchenmaschine füllen. 300 ml Wasser hinzufügen. Die Maschine 2–3 Minuten laufen lassen, um alles sehr fein zu pürieren.

2 Die Mandeln durch ein mit einem Musselintuch ausgelegtes Sieb abseihen und so viel Flüssigkeit wie möglich auspressen. So sollten Sie etwa 300 ml rohe Mandelmilch erhalten.

3 Den eingeweichten Buchweizen unter kaltem Wasser gründlich abspülen. Mit Mandelmilch, Zimt und Agavendicksaft in eine Küchenmaschine füllen und zu einem Brei mit leicht grober Textur verarbeiten.

4 Mindestens 30 Minuten oder besser noch über Nacht in den Kühlschrank stellen. Abgedeckt ist die Grütze im Kühlschrank bis zu 3 Tage haltbar.

5 In kleine Schalen füllen und mit Agavendicksaft nach Geschmack süßen. Mit Erdbeerscheiben servieren.

Fruchtsalat auf Knusperboden

Für 8 Portionen

Vorbereitung: 20 Min. plus Einweichzeit

Garzeit: keine

Zutaten

Boden

150 g Pekannusskerne

55 g entsteinte Bio-Datteln

1 TL gemahlener Zimt

5 Tropfen Vanilleextrakt

1 Prise Salz

Fruchtsalat

280 g gemischte, frische Bio-Früchte der Saison

Saft von ½ Bio-Zitrone

5 Tropfen Vanilleextrakt

Cashewcreme

225 g Cashewkerne

1 EL Agavendicksaft

1 EL Saft von 1 Bio-Zitrone

Zubereitung

1 Für die Cashewcreme die Cashewkerne etwa 8 Stunden oder über Nacht in einer Schüssel Wasser einweichen.

2 Für den Teigboden alle Zutaten in eine Küchenmaschine mit Edelstahlmesser geben und mixen, bis die Nüsse fein gehackt sind und die Masse zu binden beginnt. In eine flache, runde Servierform (20 cm Ø) drücken.

3 Die Früchte in gleich große Stücke schneiden und in einer Schüssel mit Zitronensaft und Vanilleextrakt mischen. Auf dem Knusperboden verteilen.

4 Die Cashewkerne abtropfen lassen und mit Agavendicksaft, Zitronensaft und 175 ml kaltem Wasser in der Küchenmaschine zu einer glatten Creme verarbeiten. Sofort mit dem Obstboden servieren.

2

3

4

Karotten-Mango-Salat mit Kokosnuss

Für 2–3 Portionen

Vorbereitung: 25 Min. plus Ruhezeit

Garzeit: keine

Zutaten

350 g junge Karotten

1 Mango, ca. 375 g, geschält und klein gewürfelt

50 g frisches Kokosnussfleisch, in feinen Streifen

3 EL frisch gehackter Koriander

3 EL geröstete Haselnüsse ohne Haut, grob gehackt

½ TL Muskovado-Zucker

½ TL Meersalzflocken

fein abgeriebene Schale von 1 Limette

Limettenfilets, zum Garnieren

Dressing

1 TL Muskovado-Zucker

¼ TL Meersalz

Saft von 1 Limette

¼–½ kleiner grüner Chili, entkernt und fein gehackt

Pfeffer

3 EL Haselnuss- oder Olivenöl

Zubereitung

1 Die Karotten in 5-cm-Stücke schneiden. Mit einem Sparschäler längs dünne Streifen abschneiden und den holzigen Kern auslassen. Mit Mango und Kokosnuss in eine flache Schüssel geben.

2 Für das Dressing Zucker und Salz im Limettensaft auflösen. Chili und Pfeffer nach Geschmack unterrühren. Das Öl zufügen und alles gut verquirlen.

3 Die Karottenmischung mit dem Dressing übergießen und vermengen. 20 Minuten bei Zimmertemperatur durchziehen lassen.

4 Den Koriander zugeben und nochmals gut mischen. Haselnüsse, Zucker, Salz und Limettenschale vermengen.

5 Die Karottenmischung auf Teller verteilen und mit der Nussmischung bestreuen. Mit Limettenfilets garnieren und servieren.

Avocado-Grapefruit-Salat

Für 2 Portionen Vorbereitung: 20 Min. Garzeit: keine

Zutaten

1 rotfleischige Grapefruit, filetiert

2 Avocados, in Scheiben geschnitten

½ rote Zwiebel, in dünne Ringe geschnitten

50 g gemischte Salatblätter

Dressing

4 getrocknete Datteln, fein gehackt

1 EL Olivenöl

1 EL Walnussöl

1 EL Weißweinessig

Zubereitung

1 Für das Dressing Datteln, Olivenöl, Walnussöl und Essig in einem kleinen Gefäß mit einer Gabel verquirlen.

2 Grapefruitfilets, Avocadoscheiben und Zwiebelringe in einer Salatschüssel mit frischen grünen Salatblättern mischen. Mit dem Dressing übergießen und alles gut vermengen. Sofort servieren.

Spitzkohlsalat mit Kürbiskernen

Für 4–6 Portionen

Vorbereitung: 20 Min. plus Ruhezeit

Garzeit: keine

Zutaten

1 Spitzkohl oder ¼ Weißkohl

10–15 Radieschen, in Scheiben

½ rote Zwiebel, in dünnen Ringen

3 EL Kürbiskerne

1 kleines Bund Dill, ca. 20 g, grobe Stiele entfernt und grob gehackt

2 Handvoll Sprossen, z. B. von Radieschen

1 Handvoll Erbsensprossen

Salz

Dressing

3 EL Sojajoghurt

1 EL Sojasahne

2 TL natives Olivenöl extra

¾ TL Dijon-Senf

1 großzügiger Spritzer Zitronensaft

Zubereitung

1 Beschädigte Außenblätter vom Kohl entfernen. Den Kohl längs vierteln, den Strunk herausschneiden. Jedes Viertel quer in Streifen schneiden. In einen Durchschlag geben und über einer Schüssel platzieren. Mit Salz bestreuen, vermengen und 30 Minuten ziehen lassen.

2 Für das Dressing alle Zutaten in eine kleine Schüssel geben und gut vermengen.

3 Den Kohl mit Küchenpapier abtupfen. In eine flache Servierschüssel geben und Radieschen, Zwiebel, Kürbiskerne und Dill zufügen.

4 Mit dem Dressing übergießen und gut vermengen. Den Salat vor dem Servieren mit den Sprossen bestreuen.

Gado-Gado-Salat

Für 4 Portionen

Vorbereitung: 25 Min. plus Abkühlzeit

Garzeit: 5 Min.

Zutaten

250 g Blumenkohl, in kleinen Röschen

120 g Brokkoli, in kleinen Röschen

120 g Wirsing, in feinen Streifen

150 g Bohnensprossen

300 g Salatgurke, geschält, längs halbiert, entkernt und in dicken Scheiben

1 rote Paprika, gewürfelt

Dressing

2 EL Erdnussöl

80 g ungesalzene Erdnüsse, fein gehackt

2 Knoblauchzehen, fein gehackt

2 EL Sojasauce

Saft von 2 Limetten

½ roter Chili, entkernt und fein gehackt

Zubereitung

1 Blumenkohl, Brokkoli, Wirsing, Sprossen, Gurke und Paprika in einer Salatschüssel mischen.

2 Für das Dressing 1 Esslöffel Öl in einer Pfanne erhitzen. Erdnüsse und Knoblauch darin bei mittlerer Hitze 2–3 Minuten unter Rühren anbraten. Die Pfanne vom Herd nehmen und Sojasauce, Limettensaft, Chili und das restliche Öl unterrühren. Abkühlen lassen.

3 Das Dressing über den Salat träufeln und unterheben. Auf vier Servierschalen verteilen und sofort servieren.

Bohnensprossensalat

Für 4 Portionen   Vorbereitung: 15 Min.   Garzeit: 3 Min.

Zutaten

350 g Bohnensprossen

1 kleine Gurke

1 grüne Paprika, in dünne Streifen geschnitten

1 Karotte, in dünne Stifte geschnitten

2 Tomaten, fein gehackt

1 Selleriestange, in dünne Streifen geschnitten

1 Knoblauchzehe, zerdrückt

1 Spritzer Chilisauce

2 EL helle Sojasauce

1 TL Weißweinessig

2 TL Sesamöl

Schnittlauchhalme, zum Garnieren

Zubereitung

1. Wasser in einem großen Topf zum Kochen bringen und die Bohnensprossen 1 Minute darin blanchieren. Abgießen, unter fließend kaltem Wasser abschrecken und abtropfen lassen.
2. Die Gurke der Länge nach halbieren und mit einem Löffel entkernen. Das Fruchtfleisch in dünne Streifen schneiden. In eine Schüssel geben und mit Bohnensprossen, Paprika, Karotte, Tomaten und Sellerie vermengen.
3. In einer kleinen Schüssel Knoblauch, Chilisauce, Sojasauce, Essig und Sesamöl verrühren. Das Dressing über das Gemüse geben und alles gut vermengen. Den Salat auf vier Teller verteilen, mit den Schnittlauchhalmen garniert servieren.

Brokkoli-Rotkohl-Salat

Für 4 Portionen Vorbereitung: 20 Min. Garzeit: 10–15 Min.

Zutaten

200 g Sprossenbrokkoli

250 g Rotkohl, gehobelt

120 g gegarte Rote Beten, in feinen Stiften

2 EL getrocknete Cranberrys

3 EL Balsamico

Croûtons

2 EL Olivenöl

80 g kräftiges Vollkornbrot, in kleinen Stücken

1 EL Sonnenblumenkerne

1 EL Leinsamen

Zubereitung

1 Den Brokkoli in einem Topf mit Dämpfeinsatz über köchelndem Wasser bei geschlossenem Deckel 3–5 Minuten dämpfen, bis er bissfest ist. Unter fließend kaltem Wasser abschrecken. Lange Brokkolistiele kürzen und nochmals längs halbieren. In eine Salatschüssel geben.

2 Rotkohl, Rote Beten und Cranberrys zufügen.

3 Für die Croûtons das Öl in einer Pfanne erhitzen. Die Brotstücke darin 3–4 Minuten unter Rühren bräunen. Sonnenblumenkerne und Leinsamen zugeben und 2–3 Minuten mitrösten.

4 Den Balsamico über den Salat träufeln und alles vermengen. Mit Croûtons und Saaten garnieren und sofort servieren.

Asiatischer Blumenkohl-Brokkoli-Salat

Für 4 Portionen Vorbereitung: 15 Min. Garzeit: 20 Min.

Zutaten

2 EL Erdnuss- oder Pflanzenöl

2 rote Zwiebeln, in Spalten geschnitten

1 kleiner Blumenkohl, in Röschen zerteilt

1 kleiner Brokkoli, in Röschen zerteilt

2 EL gelbe oder rote Currypaste

400 ml Kokosmilch

1 TL Sojasauce

1 TL Palmzucker

1 TL Salz

80 g ungesalzene Cashewkerne

1 Handvoll Koriander, fein gehackt, plus etwas mehr zum Garnieren

Zubereitung

1 Das Öl in einem Wok erhitzen und die Zwiebeln darin bei mittlerer Hitze 3–4 Minuten dünsten, bis sie zu bräunen beginnen. Blumenkohl und Brokkoli zugeben und 1–2 Minuten pfannenrühren. Die Currypaste einrühren und 30 Sekunden anbraten. Mit Kokosmilch ablöschen und mit Sojasauce, Palmzucker und Salz würzen. Unter Rühren zum Kochen bringen, die Hitze reduzieren und 3–4 Minuten köcheln lassen, bis das Gemüse bissfest gegart ist.

2 In der Zwischenzeit eine Pfanne erhitzen und die Cashewkerne darin 2–3 Minuten goldbraun rösten. Dabei die Pfanne schwenken, damit die Nüsse nicht anbrennen. Zum Gemüse in den Wok geben, den Koriander zufügen und gut verrühren. Mit Koriander garnieren und sofort servieren.

Kürbis-Champignon-Salat mit Babyspinat

Für 4 Portionen Vorbereitung: 25 Min. Garzeit: 20–25 Min.

Zutaten

1 kleiner Butternusskürbis
5 EL Olivenöl
Zitronensaft, zum Beträufeln
2–3 Riesenchampignons, in dünnen Scheiben
½ TL Koriandersamen, zerstoßen
50 g Mandeln mit Haut, längs halbiert
½ EL Balsamico
Saft von 1 kleinen Orange
4 Handvoll Babyspinat
2 EL Schnittlauchröllchen
Meersalzflocken und Pfeffer

Zubereitung

1 Den Kürbis dort durchtrennen, wo der Hals in das bauchige Ende übergeht. Den Hals längs vierteln. Das Endstück längs halbieren. Schale und Kerne entfernen.

2 Das Halsstück längs in dünne Scheiben schneiden. Die Endstücke quer in dünne Halbkreise schneiden.

3 Das Öl in einer großen Pfanne bei mittlerer bis hoher Temperatur erhitzen. Die Kürbisstücke portionsweise darin 5–7 Minuten unter Wenden leicht bräunen.

4 Mit Salz, Pfeffer und Zitronensaft würzen, dann zum Abtropfen in einen über einer Schüssel platzierten Durchschlag geben.

5 Pilze und Koriandersamen in die Pfanne geben und 5 Minuten braten. Mit Salz und Pfeffer würzen und mit etwas Zitronensaft beträufeln. Zum Kürbis in den Durchschlag geben. Die abgetropfte Flüssigkeit aufbewahren.

6 Die Mandeln in der Pfanne unter Rühren rösten. Aus der Pfanne nehmen und beiseitestellen.

7 Die abgetropfte Flüssigkeit vom Gemüse sowie Essig, Orangensaft und einen Spritzer Wasser in die Pfanne geben. Einige Sekunden unter Rühren köcheln.

8 Den Spinat auf Servierteller verteilen und dann Kürbis und Pilze darauflegen.

9 Mit Mandeln und Schnittlauch bestreuen, den Sud aus der Pfanne darübergießen und noch warm servieren.

Avocado-Mais-Salat mit Biss

Für 4 Portionen   Vorbereitung: 20 Min.   Garzeit: 5 Min.

Zutaten

200 g Gemüsemais, Tiefkühlware aufgetaut

1 große Avocado, halbiert und gewürfelt

175 g Kirschtomaten, geviertelt

½ rote Zwiebel, fein gehackt

1 kleine grüne Paprika, halbiert und gewürfelt

40 g Grünkohl, in Streifen

25 g frischer Koriander, grob gehackt

Dressing

fein abgeriebene Schale und Saft von 1 Limette

2 EL Olivenöl

Salz und Pfeffer

Zubereitung

1 Den Mais in einen Topf mit kochendem Wasser geben und 3 Minuten garen. Unter kaltem Wasser abschrecken und abtropfen lassen. In eine Salatschüssel geben.

2 Für das Dressing Limettenschale und -saft sowie Öl in ein Schraubglas füllen. Mit Salz und Pfeffer abschmecken. Zuschrauben und kräftig schütteln.

3 Avocado, Tomaten, Zwiebel, Paprika, Kohl und Koriander zum Mais geben. Mit dem Dressing beträufeln und alles vermengen. Auf vier Servierschalen verteilen und sofort servieren.

Nudelsalat mit Paprika

Für 4 Portionen Vorbereitung: 10 Min. Garzeit: 25 Min.

Zutaten

1 rote Paprika

1 orangefarbene Paprika

300 g Conchiglie

5 EL natives Olivenöl extra

2 EL Zitronensaft

2 EL veganes Pesto

1 Knoblauchzehe

3 EL frisch gezupftes Basilikum

Salz und Pfeffer

Zubereitung

1 Den Backofengrill vorheizen. Die ganzen Paprika auf ein Backblech legen und 15 Minuten grillen, dabei häufig wenden, bis sie rundum gebräunt sind. Die Paprika in eine Schüssel legen, mit Folie abdecken und beiseitestellen.

2 Unterdessen in einem großen Topf leicht gesalzenes Wasser aufkochen und die Nudeln darin 8–10 Minuten al dente kochen.

3 Olivenöl, Zitronensaft, Pesto und Knoblauch in einer Schüssel gründlich verrühren. Die Nudeln abgießen und noch heiß mit der Pesto-Mischung vermengen. Dann beiseitestellen.

4 Von den abgekühlten Paprika die Haut abziehen, die Paprika aufschneiden und die Kerne entfernen. Das Fruchtfleisch grob hacken und mit dem Basilikum zu den Nudeln geben. Mit Salz und Pfeffer abschmecken und alles vermengen. Warm servieren.

Rote-Bete-Salat mit Nüssen

Für 4 Portionen   Vorbereitung: 20–25 Min.   Garzeit: keine

Zutaten

175 g frische Rote Beten, geraspelt

8 Radieschen, in dünnen Scheiben

2 Frühlingszwiebeln, fein gehackt

25 g Pekannusskerne, grob gehackt

8 rote Chicoréeblätter, ersatzweise Radicchioblätter

Dressing

2 EL natives Olivenöl extra

1 EL Balsamico

2 TL veganer Sahnemeerrettich

Salz und Pfeffer

Zubereitung

1 Rote Beten, Radieschen, Frühlingszwiebeln und Nüsse in einer Schüssel vermengen.

2 Alle Zutaten für das Dressing in einer kleinen Schüssel verrühren. Mit Salz und Pfeffer abschmecken und über das Gemüse geben.

3 Die Chicoréeblätter auf einem Teller anrichten und dann den Salat darübergeben.

4 Den Salat kalt als Hauptmahlzeit oder als Beilage zu einem Hauptgericht servieren.

Tipp

Veganen Sahnemeerrettich wie folgt selbst herstellen:
50 g frisch geriebenen Meerrettich, 50 g Sojasahne, 1 TL Salz, 1 TL Zucker und 3 EL Weißweinessig verrühren.

Kartoffelsalat mit Gemüse

Für 4 Portionen

Vorbereitung: 20 Min. plus Ruhezeit

Garzeit: 35 Min.

Zutaten

300 g neue Kartoffeln

200 g kleine Blumenkohlröschen

4 EL natives Olivenöl extra, plus etwas mehr bei Bedarf

4½ TL Rotweinessig, plus etwas mehr bei Bedarf

200 g grüne Bohnen, in mundgerechten Stücken

4 Frühlingszwiebeln, fein gehackt

1 Radieschen, in dünnen Scheiben

100 g Babyspinat

2 EL geröstete Pinienkerne

2 EL Rosinen oder Sultaninen

Salz und Pfeffer

Radicchioblätter, zum Servieren

Ciabatta, zum Servieren

Zubereitung

1 Leicht gesalzenes Wasser in zwei Töpfen zum Kochen bringen. In einen die Kartoffeln geben, das Wasser erneut aufkochen und die Kartoffeln 20–25 Minuten kochen, bis sie gar sind. In den anderen Topf den Blumenkohl geben, das Wasser erneut aufkochen und die Röschen 5 Minuten köcheln lassen, bis sie bissfest sind.

2 Inzwischen Öl, Essig, Salz und Pfeffer verrühren.

3 Den Blumenkohl mit einem Schaumlöffel aus dem Wasser heben, abtropfen lassen und mit der Ölmischung in einer großen Schüssel verrühren.

4 Die Bohnen in das Blumenkohlkochwasser geben, das Wasser erneut aufkochen und die Bohnen 5 Minuten köcheln. Abtropfen lassen und unter den Blumenkohl heben.

5 Die Kartoffeln abgießen und unter fließend kaltem Wasser abschrecken. Pellen und in mundgerechte Stücke schneiden. Dann in die Schüssel geben und mit Frühlingszwiebeln und Radieschen verrühren, bis das Gemüse mit dem Dressing überzogen ist. 1 Stunde ziehen lassen.

6 Einen Teller mit Radicchioblättern auslegen. Den Spinat unter den Kartoffelsalat rühren und eventuell mit Öl, Essig, Salz und Pfeffer nachwürzen. Pinienkerne und Rosinen unterheben.

7 Den Salat auf den Radicchioblättern anrichten, dabei das restliche Dressing aus der Schüssel darüberträufeln. Mit reichlich Ciabatta servieren.

Regenbogensalat mit Wasabidressing

Für 4 Portionen

Vorbereitung: 15 Min. plus Abkühlzeit

Garzeit: 3–4 Min.

Zutaten

1 EL Sonnenblumenöl

4 EL Sonnenblumenkerne

2 EL Sojasauce

200 g verschiedenfarbiger Mangold, Blätter in Streifen, Stiele in Scheiben

Dressing

1 TL Wasabipaste

1 EL Mirin (süßer japanischer Reiswein)

Saft von 1 kleinen Orange

Pfeffer

Zubereitung

1 Das Öl in einer Pfanne erhitzen. Die Sonnenblumenkerne darin bei mittlerer Hitze 2–3 Minuten bei geschlossenem Deckel braten, bis die Kerne zu knacken beginnen. Die Pfanne häufig rütteln, dann vom Herd nehmen. Die Sojasauce zugießen, den Topf wieder abdecken und die Kerne abkühlen lassen.

2 Für das Dressing Wasabipaste, Mirin, Orangensaft und Pfeffer in ein Schraubglas geben. Zuschrauben und kräftig schütteln.

3 Mangoldblätter und -stiele in einer Salatschüssel mischen. Das Dressing darüberträufeln und untermischen. Die Sonnenblumenkerne mit der Sojasauce darübergeben und sofort servieren.

Pastasalat mit Tomaten & Oliven

Für 4 Portionen

Vorbereitung: 15 Min. plus Abkühlzeit

Garzeit: 15 Min.

Zutaten

225 g Conchiglie
50 g Pinienkerne
1 rote Paprika
1 rote Zwiebel
200 g veganer Mozzarella
350 g Kirschtomaten, halbiert
12 entsteinte schwarze Oliven
25 g frische Basilikumblätter
Salz
veganer Parmesan, zum Garnieren

Dressing

5 EL natives Olivenöl extra
2 EL Balsamico
1 EL frisch gehacktes Basilikum
Salz und Pfeffer

Zubereitung

1 In einem großen Topf leicht gesalzenes Wasser zum Kochen bringen. Die Conchiglie hineingeben, das Wasser erneut aufkochen und die Nudeln 8–10 Minuten garen, bis sie al dente sind. Gut abtropfen und abkühlen lassen.

2 Eine trockene Pfanne bei geringer Temperatur erhitzen und die Pinienkerne darin unter häufigem Schwenken leicht anrösten. Vom Herd nehmen, auf einen Teller geben und abkühlen lassen.

3 Für das Dressing alle Zutaten in eine kleine Schüssel geben und verquirlen. Mit Frischhaltefolie abdecken und beiseitestellen.

4 Die Nudeln auf vier Servierschalen verteilen. Die Paprika in mundgerechte Stücke schneiden, die rote Zwiebel fein hacken und den Mozzarella in mundgerechte Stücke zupfen.

5 Pinienkerne, Tomaten, Paprika, Zwiebel, Mozzarella und Oliven ebenfalls verteilen. Mit dem Basilikum bestreuen und mit dem Dressing beträufeln. Mit Parmesan garnieren und servieren.

Radicchiosalat mit roter Paprika

Für 4 Portionen   Vorbereitung: 15 Min.   Garzeit: keine

Zutaten

2 rote Paprika
1 Kopf Radicchio, in Blättern
4 gegarte Rote Beten, in Stiften
12 Radieschen, in Scheiben
4 Frühlingszwiebeln, fein gehackt
4 EL Salatdressing (Fertigprodukt)
knuspriges Brot, zum Servieren

Zubereitung

1 Die Paprika entkernen und in Ringe schneiden.

2 Die Radicchioblätter in eine Salatschüssel legen. Paprika, Rote Beten, Radieschen und Frühlingszwiebeln darauf verteilen.

3 Mit dem Dressing beträufeln, sorgfältig mischen und zu knusprigem Brot servieren.

Variation

Natürlich können Sie das Dressing auch selbst zubereiten. Dafür verrühren Sie einfach den Saft von ½ Zitrone, 3 Esslöffel Olivenöl und 1 Esslöffel Dijon-Senf.

Saté-Tofu-Salat

Für 4 Portionen

Vorbereitung: 20 Min. plus Marinierzeit

Garzeit: 20 Min.

Zutaten

800 g sehr fester Tofu

Marinade

2 EL Sojasauce

2 EL Sesamöl

2 EL Mirin (süßer japanischer Reiswein), Sake, Sherry oder Weißwein

Saté-Sauce

80 g glatte Erdnusscreme

125 ml Kokosmilch

2 EL Sojasauce

2 EL brauner Zucker

Saft von 1 Limette

2 TL Chilipaste, plus etwas mehr zum Abschmecken

1 Knoblauchzehe, zerdrückt

1 EL geriebener Ingwer

Zum Servieren

Salat

rote und orange Paprika, in Streifen

Gurke, in Streifen

ganze Basilikumblätter

Zubereitung

1 Den Tofu in 2,5 cm dicke Scheiben schneiden und mit Küchenpapier trocken tupfen, dabei leicht auf den Tofu drücken, um die Flüssigkeit aufzusaugen.

2 Für die Marinade Sojasauce, Öl und Mirin in einer großen Schüssel verrühren. Den Tofu darin sorgfältig wenden und mindestens 30 Minuten oder bis zu 8 Stunden marinieren (ab 30 Minuten in den Kühlschrank stellen).

3 Für die Saté-Sauce alle Zutaten mit 2 Esslöffeln heißem Wasser in einer Schüssel glatt rühren. Gegebenenfalls teelöffelweise noch weiteres Wasser einarbeiten, bis die gewünschte Konsistenz erreicht ist.

4 Den Grill für direktes Grillen bei mittlerer bis starker Hitze vorbereiten. Den Tofu mit etwas Saté-Sauce bestreichen. Auf den Rost legen und etwa 10 Minuten von jeder Seite goldbraun grillen. In Streifen schneiden.

5 Den Tofu auf einem Salatbett mit den Paprika- und Gurkenstreifen anrichten, mit Basilikumblättern bestreuen und sofort mit der restlichen Saté-Sauce zum Beträufeln servieren.

Roter Paprika-Mix

Für 2 Portionen | Vorbereitung: 10 Min. | Garzeit: keine

Zutaten

250 ml Karottensaft

250 ml Tomatensaft

2 große rote Paprika, grob gehackt

1 EL Zitronensaft

Pfeffer

Zitronenscheiben, zum Garnieren

Zubereitung

1 Karotten- und Tomatensaft in einer Küchenmaschine oder mit einem Stabmixer behutsam mischen.

2 Rote Paprika und Zitronensaft hinzufügen. Großzügig pfeffern und glatt mixen. Die Mischung auf Gläser verteilen und mit den Zitronenscheiben garnieren. Sofort servieren.

Sunrise-Smoothie

Für 1 Portion Vorbereitung: 5 Min. Garzeit: keine

Zutaten

1 Banane
60 g Seidentofu, abgetropft
175 ml Orangensaft
200 g tiefgekühlte gemischte Beeren

Zubereitung

1 Die Banane und den Tofu in grobe Stücke schneiden.

2 Banane und Tofu zusammen mit den restlichen Zutaten in einer Küchenmaschine, einem Mixer oder in einer Schüssel mit einem Stabmixer pürieren. Verarbeiten, bis alles gut vermengt ist.

3 In ein hohes Glas füllen und sofort servieren.

Sojashake mit Erdbeeren

Für 2 Portionen   Vorbereitung: 10 Min.   Garzeit: keine

Zutaten

200 g Erdbeeren
200 g Sojajoghurt
100 ml gekühlte Sojamilch
einige Tropfen Vanilleextrakt
Agavendicksaft, nach Geschmack

Zubereitung

1 Die Erdbeeren sorgfältig putzen, halbieren und in eine kleine Schüssel geben.

2 Erdbeerhälften, Sojajoghurt, Sojamilch und Vanilleextrakt in einer Küchenmaschine oder in einer großen, tiefen Schüssel mit einem Stabmixer fein pürieren. Verarbeiten, bis ein dickflüssiger Saft entsteht. Mit Agavendicksaft nach Geschmack süßen.

3 In hohe Serviergläser füllen und sofort servieren.

Bananenverführung

Für 2 Portionen	Vorbereitung: 5 Min.	Garzeit: keine

Zutaten

1 große Banane

350 ml gekühlte Soja- oder Mandelmilch

2 EL veganes Omega-3-6-9-Öl

1 TL Ahornsirup

Zubereitung

1 Die Banane in grobe Stücke schneiden.

2 Banane, Milch und Öl in einer Küchenmaschine oder in einer großen, tiefen Schüssel mit einem Stabmixer fein pürieren. Verarbeiten, bis ein dickflüssiger Saft entsteht. Mit Ahornsirup nach Geschmack süßen.

3 In hohe Serviergläser füllen und sofort servieren.

Aprikosen-Ingwer-Saft

Für 2 Portionen   Vorbereitung: 10 Min.   Garzeit: keine

Zutaten

6 Aprikosen

1 Orange

1 Zitronengrasstängel

2-cm-Stück frische Ingwerwurzel, geschält

Eiswürfel, zum Servieren

Zubereitung

1 Die Aprikosen halbieren und entsteinen. Die Orange schälen, einen Teil der weißen Haut stehen lassen. Das Zitronengras in Stücke schneiden.

2 Aprikosen, Orange, Zitronengras und Ingwer in einen Entsafter geben und verarbeiten, bis die ganze Flüssigkeit entzogen ist. Den Saft auf Gläser verteilen, das Eis hinzufügen und servieren.

SNACKS & BEILAGEN

Knusprige Zucchini-Crostini

Für 6 Portionen

Vorbereitung: 25 Min. plus Ruhezeit

Garzeit: 5 Min.

Zutaten

1 Zucchini

1 TL Salz

½ Apfel, geschält und gerieben

1 EL frisch gehackte Minze

2 Frühlingszwiebeln, fein gehackt

6 Scheiben veganes Baguette

1 Knoblauchzehe, längs halbiert

Olivenöl und Pfeffer, zum Servieren

Zubereitung

1 Die Enden der Zucchini abschneiden. Die Zucchini reiben und den Abrieb auf einem sauberen Geschirrtuch verteilen. Mit Salz bestreuen und etwa 5 Minuten ziehen lassen. Dann mithilfe des Tuchs so viel Flüssigkeit wie möglich aus der Zucchini auspressen.

2 Die Zucchini in einer großen Schüssel mit Apfel, Minze und Frühlingszwiebeln mischen.

3 Die Brotscheiben beidseitig leicht rösten. Je eine Seite mit den Knoblauchhälften einreiben.

4 Die Zucchinimischung gleichmäßig auf die Brotscheiben verteilen. Vor dem Servieren mit etwas Olivenöl beträufeln und mit etwas Pfeffer bestreuen.

Süßkartoffel-Fritten aus dem Ofen

Für 4 Portionen | Vorbereitung: 25 Min. | Garzeit: 15–20 Min.

Zutaten

Pflanzenöl aus der Sprühflasche
1 kg Süßkartoffeln
½ TL Salz
½ TL gemahlener Kreuzkümmel
¼ TL Cayennepfeffer

Zubereitung

1 Den Backofen auf 230 °C vorheizen. Ein großes Backblech mit Pflanzenöl besprühen.

2 Die Süßkartoffeln schälen und in 1 cm x 7,5 cm große Stifte schneiden. Die Süßkartoffeln auf dem Backblech verteilen und mit Pflanzenöl besprühen.

3 Salz, Kreuzkümmel und Cayennepfeffer in einer kleinen Schüssel mischen. Die Gewürzmischung gleichmäßig auf den Süßkartoffeln verteilen und diese gut darin wenden.

4 Die Süßkartoffeln wieder auf dem Backblech verteilen und 15–20 Minuten im Ofen backen, bis sie gar und leicht gebräunt sind. Die Fritten heiß servieren.

Nachos mit Salsa & Raita

Für 4 Portionen

Vorbereitung: 30 Min. plus Ruhezeit

Garzeit: 2 Min.

Zutaten

200 g vegane gesalzene Tortillachips

Salsa Verde

2 Knoblauchzehen; 1 EL körniger Senf

2 EL Kapern

8 EL frisch gehackte Kräuter (Petersilie, Minze und Basilikum)

150 ml Olivenöl

1 EL frisch gepresster Zitronensaft

Salz und Pfeffer

Gurken-Raita

1 TL Kreuzkümmelsamen

150 g Sojajoghurt Natur

130 g Salatgurke (80 g geschält und gerieben, 50 g ungeschält und gehackt

¼ TL Cayennepfeffer

Zubereitung

1 Für die Salsa verde Knoblauch, Senf, Kapern, gehackte Kräuter, 50 ml des Olivenöls und Zitronensaft in einer Küchenmaschine sehr fein hacken. Bei laufender Maschine nach und nach das restliche Olivenöl eingießen. Mit Salz und Pfeffer nach Geschmack würzen. Vor dem Servieren mindestens 30 Minuten im Kühlschrank durchziehen lassen.

2 Für das Raita die Kreuzkümmelsamen in einer Pfanne ohne Fett auf hoher Stufe leicht rösten. Die Pfanne dabei 1–2 Minuten ständig schwenken. Die Samen sofort in einen Mörser geben und zerstoßen oder mit einem Teigroller zerkleinern. Joghurt, geriebene und gehackte Gurke und Cayennepfeffer in eine Schüssel füllen, dann den zerstoßenen Kreuzkümmel hinzufügen. Alles gut verrühren. Vor dem Servieren mindestens 30 Minuten im Kühlschrank durchziehen lassen.

3 Die Dips zum Servieren in Schalen füllen und mit den Tortillachips auf einer großen Servierplatte platzieren.

Kartoffelspalten mit Schalotten & Rosmarin

Für 4 Portionen   Vorbereitung: 20 Min.   Garzeit: 70 Min.

Zutaten

1 kg kleine Kartoffeln

6 EL natives Olivenöl extra

2 frische Rosmarinzweige

150 g kleine Schalotten

2 Knoblauchzehen, in Scheiben geschnitten

Salz und Pfeffer

Zubereitung

1 Den Backofen auf 200 °C vorheizen. Die Kartoffeln schälen und achteln. In einen großen Topf mit Salzwasser geben und zum Kochen bringen. Die Hitze reduzieren und 5 Minuten köcheln lassen. Abgießen und abtropfen lassen.

2 Eine große Bratform auf die Kochplatte stellen und das Öl darin erhitzen. Die Kartoffeln zugeben und kurz anbraten. Die Nadeln von den Rosmarinzweigen abziehen und fein hacken. Zu den Kartoffeln geben und verrühren.

3 Die Kartoffeln in den Ofen geben und 35 Minuten backen. Dabei zweimal die Kartoffeln wenden. Schalotten und Knoblauch zugeben und 15 Minuten rösten, bis die Kartoffeln goldbraun sind. Mit Salz und Pfeffer würzen. Direkt aus der Form servieren.

Gemüse-Pakoras

Für 4 Portionen | Vorbereitung: 20 Min. | Garzeit: 15 Min.

Zutaten

60 g Kichererbsenmehl

½ TL Salz

1 TL Chilipulver

1 TL Backpulver

1½ TL Kreuzkümmelsamen

¼ Bund frisch gehackter Koriander, plus ein paar Blätter mehr zum Garnieren

blanchiertes Gemüse nach Wahl, z. B. kleine Blumenkohlröschen, Zwiebelringe, Kartoffelscheiben, Auberginenscheiben oder frische Spinatblätter

Pflanzenöl, zum Frittieren

Zubereitung

1 Das Mehl in eine große Schüssel sieben und mit Salz, Chilipulver, Backpulver und Kreuzkümmel gründlich vermengen. 300 ml Wasser zugießen und alles zu einem glatten Teig verarbeiten. Den gehackten Koriander hinzufügen und gut untermischen. Den Teig bis zur Weiterverarbeitung beiseitestellen.

2 Das Gemüse einzeln in den Backteig tauchen und überschüssigen Teig abschütteln.

3 Ausreichend Öl zum Frittieren in einem Topf oder einer Fritteuse auf 180 °C erhitzen, bis ein Brotwürfel darin innerhalb von 30 Sekunden braun wird. Die Gemüsestücke ins Öl geben und portionsweise frittieren. Dabei jeweils einmal wenden.

4 Die fertigen Pakoras auf Küchenpapier abtropfen lassen. Mit Korianderblättern garnieren und sofort servieren.

Kartoffelrösti

Für 4 Portionen　Vorbereitung: 10 Min.　Garzeit: 25–45 Min.

Zutaten

500 g mehlig kochende Kartoffeln

1 Zwiebel, gerieben

Salz und Pfeffer

Pflanzenöl, zum Braten

Zubereitung

1 Die Kartoffeln waschen, aber nicht schälen. In einen großen Topf geben, mit Wasser bedecken und zum Kochen bringen. Den Deckel auflegen, die Hitze reduzieren und 10 Minuten köcheln lassen (nicht länger!), bis die Kartoffeln noch nicht ganz gar sind.

2 Die Kartoffeln abgießen und abkühlen lassen. Dann die Kartoffeln schälen und grob reiben. Die Zwiebel zugeben, mit Salz und Pfeffer würzen und vermengen.

3 Das Öl in einer großen Pfanne erhitzen. Nach Geschmack entweder die komplette Kartoffelmischung oder kleine Portionen in die Pfanne geben, etwas flach drücken und etwa 5 Minuten anbraten. Sobald die untere Seite eine goldbraune Farbe angenommen hat, die Rösti wenden und die zweite Seite goldbraun braten. Mit einem Schaumlöffel aus der Pfanne nehmen und auf Küchenpapier abtropfen lassen. Sofort servieren.

Samosas

Für 14 Stück

Vorbereitung: 45 Min. plus Ruhezeit

Garzeit: 1 Std.

Zutaten

250 g Mehl

½ TL Salz

40 g Pflanzenfett, zerlassen, plus etwas mehr zum Einfetten

½ EL Zitronensaft

Pflanzenöl, zum Frittieren

Füllung

4 EL Pflanzenöl

1 Zwiebel, sehr fein gehackt

2 Knoblauchzehen, zerdrückt

1 Kartoffel, sehr fein gewürfelt

2 Karotten, sehr fein gehackt

2 TL mildes, mittelscharfes oder scharfes Currypulver (nach Belieben)

1½ TL gemahlener Koriander

1 TL gemahlene Kurkuma

1 frischer grüner Chili, entkernt und fein gehackt

1 TL Salz

½ TL schwarze Senfkörner

100 g Erbsen, Tiefkühlware aufgetaut

60 g kleine Blumenkohlröschen

Pflanzenöl, zum Frittieren

Korianderblätter, zum Garnieren

Zubereitung

1 Für die Füllung das Fett bei mittlerer Hitze zerlassen. Zwiebel und Knoblauch darin 5–8 Minuten weich dünsten. Kartoffel und Karotten zufügen und 5 Minuten mitbraten. Currypulver, Koriander, Kurkuma, Chili, Salz und Senfkörner unterrühren. 300 ml kaltes Wasser zugießen und aufkochen. Die Hitze reduzieren und 15 Minuten köcheln. Erbsen und Blumenkohl zugeben und weiterköcheln, bis das Gemüse weich und die Flüssigkeit eingekocht ist.

2 Für den Teig Mehl und Salz in eine Schüssel sieben, Fett und Zitronensaft hineingeben und einarbeiten. Nach und nach 100–125 ml Wasser zugeben, bis ein weicher Teig entsteht. 10 Minuten kneten, abdecken und 15 Minuten ruhen lassen.

3 Den Teig in sieben Portionen teilen. Portionsweise auf der gefetteten Arbeitsfläche zu runden Fladen von 20 cm Ø ausrollen und halbieren.

4 Die Ränder einer Fladenhälfte befeuchten. 2 Teelöffel Füllung neben der Mitte auf den Teig geben. Eine Teigseite über die Füllung klappen, dann die andere überlappend darüberklappen, sodass eine spitze Tüte entsteht. Das offene Ende befeuchten und zudrücken.

5 Ausreichend Öl auf 180 °C erhitzen (ein Brotwürfel bräunt darin innerhalb von 30 Sekunden). Die Samosas portionsweise 2–3 Minuten goldbraun ausbacken, dabei ggf. einmal wenden. Herausnehmen und auf Küchenpapier abtropfen lassen. Heiß oder bei Zimmertemperatur mit Koriander garniert servieren.

1

2

4

Kürbis-Tartelettes

Für 4 Portionen   Vorbereitung: 20 Min.   Garzeit: 40 Min.

Zutaten

400 g Kürbis, in 1-cm-Stücke geschnitten

10 g vegane Margarine, in Stücken, plus etwas mehr zum Einfetten

1 EL Ahornsirup

10 g Ingwerpflaume in Sirup, fein gehackt

¼ TL Zimt

¼ TL gemahlener Piment

135 g veganer Filoteig

2 EL Rapsöl

Puderzucker, zum Bestäuben

Zubereitung

1 Den Backofen auf 190 °C vorheizen. Vier Tarteletteformen mit 10 cm Ø leicht einfetten.

2 Den Kürbis auf einem Backblech verteilen und mit Margarinestücken belegen. 5 Minuten im Ofen rösten, dann umrühren und weitere 20 Minuten rösten, bis die Kürbisstücke langsam braun werden. Ahornsirup, gehackten Ingwer, Zimt und Piment unterrühren und weitere 5 Minuten backen. Abkühlen lassen.

3 Den Filoteig in zwölf Quadrate mit 10 cm Seitenlänge schneiden. Vier Quadrate mit Rapsöl bestreichen und ein zweites Quadrat darauflegen, allerdings leicht versetzt – am Ende sollen die Ecken eine Sternform bilden. Nochmals mit Öl bestreichen und mit den restlichen Teigquadraten belegen. So entstehen vier dreilagige Teigstapel. Die Stapel in die vorbereiteten Tarteletteformen drücken und im Ofen 8–10 Minuten knusprig-goldgelb backen.

4 Die Tarteletteböden mit den Kürbisstücken füllen, mit Puderzucker bestäuben und sofort servieren.

Dhal mit Frühlingszwiebeln

Für 4 Portionen Vorbereitung: 20 Min. Garzeit: 35 Min.

Zutaten

100 g gelbe Linsen

6 EL Pflanzenöl

1 kleines Bund Frühlingszwiebeln, gehackt

1 TL frisch gehackter Ingwer

1 TL zerdrückte Knoblauchzehen

1/2 TL Chilipulver

1/2 TL Kurkuma

1 TL Salz

Zum Garnieren

1 frischer grüner Chili, entkernt und fein gehackt

frisch gehackter Koriander

Zubereitung

1 Die Linsen gut abspülen und beiseitestellen.

2 Das Öl in einem großen Topf erhitzen. Die Frühlingszwiebeln zufügen und bei mittlerer Hitze leicht anbräunen.

3 Die Hitze reduzieren, Ingwer, Knoblauch, Chilipulver und Kurkuma zugeben und kurz anbraten. Die Linsen zufügen und gut verrühren.

4 300 ml Wasser zugießen, die Hitze auf niedrigste Stufe reduzieren und 20–25 Minuten köcheln.

5 Sobald die Linsen gar und weich sind, das Salz zufügen und gründlich vermengen.

6 Das Zwiebel-Dahl in einer Schüssel anrichten, mit Chili und Koriander garnieren und sofort servieren.

Frühlingsrollen mit Gemüse-Bohnen-Füllung

Für 4 Portionen   Vorbereitung: 15 Min.   Garzeit: 15–20 Min.

Zutaten

2 EL Erdnussöl, plus etwas mehr zum Frittieren

4 Frühlingszwiebeln, in 5-cm-Stücken, längs in feine Streifen geschnitten

2,5-cm-Stück frischer Ingwer, geschält und fein gehackt

1 große Karotte, geschält und in feinen Stiften

1 rote Paprika, entkernt und in feinen Streifen

6 EL schwarze Bohnensauce

60 g frische Bohnensprossen

200 g Wasserkastanien aus der Dose, abgetropft und grob gehackt

5-cm-Stück Salatgurke, in feinen Stiften

8 quadratische Teigplatten für Frühlingsrollen, Seitenlänge 20 cm

süße Chilisauce, zum Servieren (nach Belieben)

Zubereitung

1 In einem vorgeheizten Wok 2 Esslöffel Öl erhitzen und Frühlingszwiebeln, Ingwer, Karotte und Paprika darin bei mittlerer bis hoher Hitze 2–3 Minuten pfannenrühren.

2 Schwarze Bohnensauce, Bohnensprossen, Wasserkastanien und Gurke hinzufügen und 1–2 Minuten pfannenrühren. Vom Herd nehmen und abkühlen lassen.

3 Den Frühlingsrollenteig übereinandergestapelt mit Frischhaltefolie abgedeckt bereitlegen, damit er nicht austrocknet. Ein Teigquadrat mit einer Spitze nach oben auf die Arbeitsfläche legen und die Kanten mit Wasser bestreichen.

4 Die Füllung in der rechten Hälfte platzieren. Die rechte Teigspitze darüberfalten und vorsichtig einrollen. Bis zur Mitte weiterrollen, dann die obere und untere Ecke über die Füllung falten. Weiterrollen, bis die Füllung ganz umschlossen ist und eine Frühlingsrolle entstanden ist. Ebenso mit der verbliebenen Füllung verfahren.

5 Das Öl in einem Wok auf 180–190 °C erhitzen, bis ein Brotwürfel darin innerhalb von 30 Sekunden braun wird. Die Frühlingsrollen in mehreren Portionen 2–3 Minuten rundum goldgelb und knusprig frittieren. Herausheben, auf Küchenpapier abtropfen lassen und warm halten, bis alle Frühlingsrollen fertig sind.

6 Die Frühlingsrollen heiß servieren. Nach Belieben süße Chilisauce dazu reichen.

4

4

5

Vietnamesische Rohkostschiffchen

Für 4 Portionen

Vorbereitung: 20 Min. plus Ruhezeit

Garzeit: keine

Zutaten

2 Karotten

2 Selleriestangen

1 EL Reisessig

½ TL Salz

2 Frühlingszwiebeln

120 g Bohnensprossen

je 1 Handvoll frisch gehackte Koriander-, Minze- und Thai-Basilikumblätter

8 Romana-Salatblätter

Sauce

2 Knoblauchzehen, gehackt

1 roter Chili, entkernt und gehackt

1 EL Palmzucker

2 EL Limettensaft

2 EL vegane Fischsauce

Zubereitung

1 Karotten und Sellerie in feine Stifte schneiden. Mit Essig und Salz vermischen und 30 Minuten ziehen, dann abtropfen lassen.

2 Die Frühlingszwiebeln diagonal in feine Ringe schneiden und mit Bohnensprossen und Koriander, Minze und Basilikum unter die Karotten-Sellerie-Mischung heben.

3 Für die Sauce den Knoblauch mit Chili und Palmzucker in einem Mörser zerdrücken. Dann Limettensaft, Fischsauce und 2 Esslöffel Wasser unterrühren.

4 Die Gemüsemischung auf die Salatblätter aufteilen und mit je 1 Teelöffel Sauce beträufeln.

Hinweis

Vegane Fischsauce kann aus Kombu-Algen selbst hergestellt werden, falls sie nicht als Fertigprodukt erhältlich ist.

Gemüse-Sushi

Für 4–6 Portionen Vorbereitung: 30 Min. Garzeit: 30 Min.

Zutaten

200 g Sushireis

2–3 EL japanischer Reisessig

1 TL Salz

1 TL Zucker

1 EL Mirin (süßer japanischer Reiswein)

7 Noriblätter, vorgeröstet

½ Gurke, in Stifte geschnitten

1 rote Paprika, entkernt und in Stifte geschnitten

1 Avocado, in Stifte geschnitten

4 Frühlingszwiebeln, längs halbiert

Sojasauce, Wasabi und eingelegter Ingwer, zum Servieren (nach Belieben)

Zubereitung

1 Den Reis in einem Topf mit 375 ml Wasser bedecken. Zum Kochen bringen, dann auf niedrigster Stufe abgedeckt 20 Minuten köcheln, bis das Wasser aufgesogen ist. Inzwischen Essig, Salz, Zucker und Mirin in einem Topf erhitzen, bis Salz und Zucker aufgelöst sind, dann abkühlen lassen. Den fertigen Reis in eine Schüssel füllen und die Essigmischung vorsichtig unterrühren.

2 Wenn der Reis kalt ist, ein vorgeröstetes Noriblatt mit der glänzenden Seite nach unten auf eine Bambusmatte legen und darauf eine dünne Schicht Reis verteilen. Dabei am oberen Ende einen Rand von 1 cm frei lassen. Einen Streifen mit verschiedenen Gemüsestücken, der parallel zu den Stäben der Bambusmatte verläuft, ans untere Ende des Noriblatts legen.

3 Nun mithilfe der Bambusmatte das Noriblatt so eng wie möglich nach oben aufrollen. Den oberen Rand des Blattes mit etwas Wasser befeuchten, damit die Nahtstelle gut schließt. Ebenso mit den restlichen Zutaten verfahren. In Frischhaltefolie einwickeln und bis zur Verwendung in den Kühlschrank stellen.

4 Zum Servieren jede Rolle in etwa 2,5 cm lange Stücke schneiden. Nach Belieben mit Sojasauce, Wasabi und eingelegtem Ingwer servieren.

Thai-Tofubratlinge

Für 4 Portionen   Vorbereitung: 45 Min.   Garzeit: 15 Min.

Zutaten

300 g fester Tofu (Abtropfgewicht), grob gehackt

1 Stängel Zitronengras, grob gehackt

2 Knoblauchzehen, gehackt

2,5-cm-Stück frische Ingwerwurzel, geschält und gerieben

2 Kaffir-Limettenblätter (oder nach Geschmack), fein gehackt

2 Schalotten, fein gehackt

2 frische rote Chilis, entkernt und fein gehackt

4 EL frisch gehackter Koriander

100 g Mehl, plus etwas mehr zum Bestäuben

½ TL Salz

Maiskeimöl, zum Braten

Dip

3 EL Essigessenz

2 Frühlingszwiebeln, in feine Ringe geschnitten

1 EL Zucker

2 frische rote Chilis, entkernt und gehackt

2 EL frisch gehackter Koriander

1 Prise Salz

Zubereitung

1 Für den Dip alle Zutaten in einer kleinen Servierschale verrühren und beiseitestellen.

2 Tofu, Zitronengras, Knoblauch, Ingwer, Limettenblätter nach Geschmack, Schalotten, Chilis und Koriander in einer Schüssel vermengen. Mehl und Salz hinzufügen und zu einer klebrigen Masse verarbeiten. Dann abgedeckt 1 Stunde im Kühlschrank fest werden lassen.

3 Die Masse mit bemehlten Händen zu acht walnussgroßen Kugeln formen und flach drücken. Den Boden einer Pfanne mit Öl bedecken und auf mittlerer Stufe erhitzen. Die Bratlinge darin in zwei Portionen 4–6 Minuten goldbraun braten, dabei einmal wenden. Auf Küchenpapier abtropfen lassen und warm mit dem Dip servieren.

Variation

Für einen milderen Dip einfach die Chilis weglassen und mit chinesischem Fünf-Gewürze-Pulver würzen.

Sushi-Schiffchen mit grünen Bohnen

Für 8 Stück   Vorbereitung: 1 Std.   Garzeit: 5 Min.

Zutaten

20 grüne Bohnen, in feinen Streifen

1 EL Sesamöl

1 EL geröstete Sesamsaat

Salz und Pfeffer

1 TL abgeriebene Zitronenschale

1/3 Portion frisch zubereiteter Sushireis (s. S. 67)

2 geröstete Noriblätter, längs in je 4 Streifen geschnitten

Wasabi

Zubereitung

1 Die grünen Bohnen in einen Topf mit etwas Wasser geben und zum Kochen bringen. 2 Minuten kochen, abtropfen lassen und in Sesamöl und Sesamsaat wenden. Mit Salz und Pfeffer abschmecken, die Zitronenschale unterrühren.

2 Den Reis in acht Portionen aufteilen. Die Hände anfeuchten, damit der Reis nicht kleben bleibt, und aus jeder Portion ein Reisbällchen in Form einer verkürzten Krokette bilden. Um jedes Reisbällchen sorgfältig einen Noristreifen wickeln, der oben ein wenig über den Reis hinausragt. Den Noristreifen bei Überlänge abschneiden und die Nahtstelle mit einigen zerdrückten Reiskörnern verkleben.

3 Auf jedes Sushi-Schiffchen etwas Wasabi tupfen und grüne Bohnen auf den Reis geben. Das Sushi sofort servieren, dazu Sojasauce reichen.

Geröstetes Wurzelgemüse

Für 4–6 Portionen Vorbereitung: 30 Min. Garzeit: 1 Std.

Zutaten

3 Pastinaken, in 5 cm lange Stücke geschnitten

4 kleine Rüben, geviertelt

3 Karotten, in 5 cm lange Stücke geschnitten

450 g Butternusskürbis, geschält und in 5 cm große Würfel geschnitten

450 g Süßkartoffeln, geschält und in 5 cm große Würfel geschnitten

2 Knoblauchzehen, fein gehackt

2 EL frisch gehackter Rosmarin

2 EL frisch gehackter Thymian

2 TL frisch gehackter Salbei

3 EL Olivenöl

Salz und Pfeffer

2 EL frisch gehackte gemischte Kräuter, z. B. Petersilie, Thymian und Minze, zum Garnieren

Zubereitung

1 Den Backofen auf 220 °C vorheizen. Das Gemüse auf einem großen Backblech verteilen. Knoblauch, Rosmarin, Thymian und Salbei darüberstreuen. Das Öl darübergießen und mit Salz und Pfeffer kräftig würzen.

2 Alles gut vermengen, bis das Gemüse mit Öl überzogen ist. Sie können das Gemüse nach Belieben auch noch kurz ziehen lassen, damit sich die Aromen besser entfalten.

3 Auf der obersten Schiene des Ofens 50–60 Minuten backen, dabei das Gemüse einmal wenden. Sobald das Gemüse gar und schön angeröstet ist, aus dem Ofen nehmen. Mit den frischen Kräutern bestreuen, mit Salz und Pfeffer würzen und servieren.

Gebratene Bohnensprossen

Für 4 Portionen   Vorbereitung: 5 Min.   Garzeit: 3 Min.

Zutaten

1 EL Pflanzen- oder Erdnussöl
225 g frische Bohnensprossen
2 EL fein gehackte Frühlingszwiebel
½ TL Salz
1 Prise Zucker

Zubereitung

1 Einen Wok auf mittlerer Stufe erhitzen und das Öl hineingießen. Die Bohnensprossen zusammen mit der Frühlingszwiebel 1 Minute darin pfannenrühren. Salz und Zucker dazugeben und gründlich rühren.

2 Den Wok vom Herd nehmen und die Bohnensprossen sofort servieren.

Pfannengerührter Kürbis

Für 4 Portionen Vorbereitung: 15 Min. Garzeit: 25 Min.

Zutaten

1 kg Butternusskürbis, geschält
3 EL Erdnussöl
1 Zwiebel, in Ringe geschnitten
2 Knoblauchzehen, zerdrückt
1 TL Koriandersamen
1 TL Kreuzkümmelsamen
2 EL frisch gehackter Koriander
150 ml Kokosmilch
100 g gesalzene Cashewkerne

Zum Garnieren

frisch abgeriebene Limettenschale
frischer Koriander
Limettenscheiben

Zubereitung

1 Den Kürbis mit einem scharfen Messer in kleine, mundgerechte Stücke schneiden.

2 Das Öl in einem Wok oder einer großen Pfanne erhitzen.

3 Kürbis, Zwiebel und Knoblauch in den Wok geben und dann 5 Minuten pfannenrühren.

4 Koriandersamen, Kreuzkümmel und gehackten Koriander zufügen und 1 weitere Minute pfannenrühren.

5 Mit Kokosmilch und 100 ml Wasser ablöschen und zum Kochen bringen. Den Wok abdecken und alles 10–15 Minuten köcheln lassen, bis der Kürbis gar ist.

6 Die Cashewkerne zugeben und alles gut verrühren.

7 In eine vorgewärmte Servierschale geben und mit Limettenschale, Koriander und Limettenscheiben garnieren. Sofort heiß servieren.

Borlotti-Bohnen in Tomatensauce

Für 4–6 Portionen Vorbereitung: 15 Min. Garzeit: 40 Min.

Zutaten

600 g frische Borlotti-Bohnen

4 große frische Salbeiblätter, zerzupft

1 EL Olivenöl

1 große Zwiebel, in Ringe geschnitten

300 ml Tomatensauce (Fertigprodukt)

Salz und Pfeffer

Zubereitung

1 Die Bohnen auslösen. Salzwasser in einem großen Topf zum Kochen bringen. Bohnen und Salbei zugeben und 12 Minuten kochen, bis die Bohnen gar und weich sind. Abgießen, zurück in den Topf geben und beiseitestellen

2 Das Öl in einer Pfanne bei mittlerer Hitze erwärmen, Zwiebel zugeben und 5 Minuten glasig dünsten. Tomatensauce zugießen, erwärmen und die Mischung über die Bohnen geben.

3 Die Bohnen unter Rühren zum Kochen bringen. Die Hitze reduzieren und 10 Minuten köcheln lassen. Sobald die Sauce etwas reduziert und angedickt ist, den Topf vom Herd nehmen.

4 Die Bohnen mit Salz und Pfeffer abschmecken und in eine Servierschale geben. Heiß servieren.

Brokkoli mit Erdnüssen

Für 4 Portionen | Vorbereitung: 15 Min. | Garzeit: 8–10 Min.

Zutaten

3 EL Pflanzen- oder Erdnussöl

1 Zitronengrasstängel, grob gehackt

2 frische rote Chilis, entkernt und gehackt

2,5-cm-Stück Ingwerwurzel, gerieben

3 Kaffir-Limettenblätter, grob zerkleinert

3 EL grüne Thai-Currypaste

1 Zwiebel, gehackt

1 rote Paprika, gehackt

350 g Brokkoli, in Röschen zerteilt

120 g grüne Bohnen

50 g ungesalzene Erdnüsse

Zubereitung

1 2 Esslöffel Öl, Zitronengras, Chilis, Ingwer, Limettenblätter und Currypaste in eine Küchenmaschine oder einen Mixer geben und zu einer Paste verarbeiten.

2 Einen Wok auf mittlerer Stufe erhitzen und das restliche Öl hineingießen. Gewürzpaste, Zwiebel und Paprika dazugeben und 2–3 Minuten pfannenrühren, bis das Gemüse weich wird. Brokkoli und grüne Bohnen zufügen, den Wok abdecken und alles auf niedriger Stufe 4–5 Minuten garen, bis das Gemüse weich ist, dabei gelegentlich umrühren.

3 In der Zwischenzeit die Erdnüsse trocken rösten, sodass sie leicht gebräunt sind, zu der Brokkolimischung geben und gut unterrühren. Sofort servieren.

Porree mit gelber Bohnensauce

Für 4 Portionen Vorbereitung: 15 Min. Garzeit: 10 Min.

Zutaten

3 EL Erdnussöl

500 g Porree, geputzt und in Scheiben geschnitten

250 g Chinakohl, fein gehobelt

200 g Babymaiskolben

6 Frühlingszwiebeln, in 5 cm lange Stücke geschnitten

4 EL gelbe Bohnensauce

Zubereitung

1 Das Öl in einem Wok oder einer großen Pfanne stark erhitzen, Porree, Chinakohl und Maiskolben zufügen und 5 Minuten pfannenrühren. Das Gemüse sollte leicht angebräunt sein.

2 Die Frühlingszwiebeln zugeben und verrühren. Die Bohnensauce zufügen und weitere 2 Minuten pfannenrühren, bis das Gemüse rundum mit der Sauce überzogen ist.

3 Das Gemüse mit der Sauce auf vier vorgewärmte Schüsseln verteilen und sofort servieren.

Baguette mit Räuchertofu & Gemüse

Für 2–4 Portionen | Vorbereitung: 25 Min. plus Ruhezeit | Garzeit: 25 Min.

Zutaten

- 1 kleine Zucchini
- 1 rote oder gelbe Paprika,
- 1 rote Zwiebel,
- 2 EL Olivenöl
- 1 veganes Baguette
- 1 Handvoll frisch gehacktes Basilikum
- 1 Handvoll frisch gehackter Rucola
- 70 g geräucherter Tofu, in Scheiben geschnitten
- 70 g Tomate, in Scheiben geschnitten
- 1 EL veganer Balsamico-Essig

Tapenade

- 12 schwarze Oliven, entsteint
- 1 Knoblauchzehe
- 1 EL Zitronensaft
- Salz und Pfeffer

Zubereitung

1 Den Backofen auf 190 °C vorheizen. Zucchini in Scheiben schneiden, beide Paprika in Streifen und die rote Zwiebel in Spalten schneiden. Zucchini, Paprika und rote Zwiebel auf einem Backblech verteilen, mit Olivenöl beträufeln und vermengen, bis das Gemüse mit Öl überzogen ist. 25 Minuten im vorgeheizten Ofen rösten, bis es gar ist und zu bräunen beginnt.

2 Für die Tapenade Oliven hacken und mit Knoblauch und Zitronensaft in einer Küchenmaschine zu einer groben Paste verarbeiten. Mit Salz und Pfeffer nach Geschmack würzen.

3 Das Baguette längs aufschneiden und die Schnittseite der Oberseite mit der Hälfte der Tapenade bestreichen.

4 Die Schnittseite der Unterseite mit Röstgemüse mitsamt dem Öl sowie mit Basilikum und Rucola belegen. Dann Tofu und Tomaten hinzufügen und schließlich mit dem Balsamico beträufeln. Die Oberseite mit der Tapenade aufsetzen, gut andrücken und die Füllung zusammenzupressen.

5 Das Baguette sehr eng mit Frischhaltefolie umwickeln und vor dem Servieren mindestens 1 Stunde in den Kühlschrank stellen. Dann mit einem Messer in Stücke schneiden.

Champignon-Panini mit Pesto

Für 2 Portionen Vorbereitung: 20 Min. Garzeit: 10 Min.

Zutaten

25 g vegane Margarine

200 g kleine weiße Champignons, in Scheiben geschnitten

1 Zwiebel, in Ringe geschnitten

1 Handvoll frisch gehackte glatte Petersilie

1 veganes Ciabattabrot

Olivenöl, zum Bestreichen

Salz und Pfeffer

Pesto

55 g Cashewkerne

35 g frische Basilikumblätter

2 Knoblauchzehen, zerdrückt

4 EL Sonnenblumenöl oder Hanföl

Salz und Pfeffer

Zubereitung

1 Für den Pesto die Cashewkerne in einer Pfanne ohne Fett rösten, bis sie beginnen, Farbe anzunehmen.

2 Cashewkerne, Basilikum, Knoblauch und Öl sowie Salz und Pfeffer nach Geschmack in einer Küchenmaschine zu einer groben Paste verarbeiten. Alternativ Nüsse und Basilikum fein hacken und mit den restlichen Zutaten in einem Mörser fein zerstoßen.

3 Die Margarine in einer Pfanne auf niedriger Stufe zerlassen und Pilze, Zwiebel und Petersilie darin 5 Minuten dünsten, bis die Zwiebel weich ist. Mit Salz und Pfeffer nach Geschmack würzen.

4 Das Brot längs aufschneiden, dann jede Hälfte quer halbieren. Die Oberseiten der Brotstücke mit Olivenöl bestreichen.

5 Die Brote mit dem Pesto bestreichen. Die warme Pilzmischung auf die zwei unteren Brotscheiben verteilen, dann die oberen Brotscheiben aufsetzen.

6 Eine Grillpfanne ohne Fett vorheizen und die Panini darin 2–3 Minuten auf jeder Seite grillen. Dabei gut andrücken, damit die typischen Grillstreifen entstehen.

Champignon-Bruschetta

Für 4 Portionen | Vorbereitung: 15 Min. | Garzeit: 8 Min.

Zutaten

12 Scheiben veganes Baguette, je 1 cm dick, oder 2 kleine vegane Baguettes, längs aufgeschnitten

3 EL Olivenöl

2 Knoblauchzehen, zerdrückt

250 g braune Champignons, in Scheiben geschnitten

250 g Mischpilze

2 TL Zitronensaft

2 EL frisch gehackte glatte Petersilie

Salz und Pfeffer

Zubereitung

1 Den Backofengrill vorheizen. Die Baguettescheiben goldbraun rösten. Herausnehmen und warm halten.

2 Unterdessen das Öl in einer Pfanne erhitzen. Den Knoblauch darin ein paar Sekunden sanft andünsten, dann die Champignons zugeben. Auf hoher Stufe 3 Minuten unter Rühren anbraten. Die Mischpilze hinzufügen und weitere 2 Minuten braten. Den Zitronensaft unterrühren.

3 Mit Salz und Pfeffer würzen und die Petersilie dazugeben.

4 Die Pilzmischung auf die Brotscheiben verteilen und servieren.

Gerührter Kräutertofu

Für 2 Portionen Vorbereitung: 10 Min. Garzeit: 15 Min.

Zutaten

400 g fester Tofu

12 Kirschtomaten

Olivenöl, zum Rösten

1 kleines veganes Ciabatta

30 g vegane Margarine

2 Knoblauchzehen, halbiert und zerdrückt

5 EL frisch gehackte gemischte Kräuter (Estragon, Schnittlauch und Petersilie)

Salz und Pfeffer

geräuchertes Paprikapulver (Pimentón), nach Geschmack

Zubereitung

1 Den Backofen auf 200 °C vorheizen. Falls der Tofu in Wasser eingelegt ist, gut abtropfen und die Flüssigkeit so gut wie möglich ausdrücken. Den Tofu dann behutsam in eine Schüssel bröckeln.

2 Die Tomaten in einem mittelgroßen Bräter leicht mit Olivenöl beträufeln. 5 Minuten im vorgeheizten Ofen rösten, bis sie warm sind und aufplatzen.

3 Das Brot halbieren und jede Hälfte noch einmal quer durchschneiden. Die Brotscheiben beidseitig rösten.

4 Die Margarine in einer großen Pfanne auf mittlerer Stufe zerlassen. Den Knoblauch darin 1 Minute anbraten, aus der Pfanne nehmen und entsorgen.

5 Den Tofu in die Pfanne mit dem Knoblauchöl geben. Auf mittlerer Stufe 3–4 Minuten braten, bis er leicht braun wird. Dabei gelegentlich wenden. Vom Herd nehmen, die frischen Kräuter dazugeben und mit Salz und Pfeffer nach Geschmack würzen.

6 Das Tofu-Rührei mit Paprikapulver nach Geschmack bestreuen. Sofort auf den gerösteten Brotscheiben verteilen und mit den Tomaten als Beilage servieren.

Süßkartoffel-pfannkuchen

Für 4 Portionen Vorbereitung: 15 Min. Garzeit: 30 Min.

Zutaten

Pfannkuchen

200 ml Sojamilch
50 g Mehl
50 g Kichererbsenmehl
100 g geriebene Süßkartoffel
1 kleine rote Zwiebel, fein gehackt
Pflanzenöl, zum Braten

Füllung

150 g frischer Babyspinat, in Streifen geschnitten
20 g Korinthen
1 EL Olivenöl
30 g Pinienkerne
Salz und Pfeffer

Zubereitung

1 Für die Füllung den Spinat mit einem Spritzer Wasser in einen Topf geben. Auf mittlerer Stufe 2–3 Minuten zusammenfallen lassen. Auf einen Teller geben, mit Küchenpapier abtupfen und so viel Wasser wie möglich auspressen. Beiseitestellen.

2 Für die Pfannkuchen Milch und beide Mehlsorten in einer Schüssel verrühren. Geriebene Süßkartoffel und Zwiebel hinzufügen und alles gut vermengen.

3 Ein wenig Pflanzenöl in einer Pfanne auf hoher Stufe erhitzen und ein Viertel des Pfannkuchenteigs hineingeben. Mit einem Löffelrücken in der gesamten Pfanne verteilen. 2–3 Minuten auf jeder Seite backen, bis der Teig braun und knusprig geworden ist. Auf einen mit Küchenpapier ausgelegten Teller legen. Die restlichen drei Pfannkuchen ebenso backen.

4 Spinat, Korinthen, Olivenöl und Pinienkerne in einem Topf auf mittlerer Stufe erhitzen. Salzen und pfeffern. Etwa 1 Minute garen. Ein Viertel der Spinatmischung auf einer Hälfte eines Pfannkuchens verteilen, dann die andere Pfannkuchenhälfte darüberklappen. Mit den restlichen Pfannkuchen ebenso verfahren.

Variation

Aus dem Teig acht bis zehn Mini-Pfannkuchen herstellen und dann abwechselnd mit der Füllung übereinanderstapeln.

Kichererbsen-Quinoa-Salat

Für 4 Portionen Vorbereitung: 15 Min. Garzeit: 16 Min.

Zutaten

50 g rote Quinoa
1 frischer roter Chili, entkernt und fein gehackt
8 Frühlingszwiebeln, gehackt
3 EL fein gehackte frische Minze
2 EL Olivenöl
2 EL frisch gepresster Zitronensaft
30 g Kichererbsenmehl
1 TL gemahlener Kreuzkümmel
½ TL Paprikapulver edelsüß
1 EL Pflanzenöl
150 g Kichererbsen aus der Dose, abgespült und abgetropft

Zubereitung

1 Die Quinoa in einem Topf mit kochendem Wasser bedecken. Auf niedriger Stufe 10 Minuten köcheln, bis sie soeben gar ist. Abgießen, abschrecken und abtropfen lassen und mit Chili, Frühlingszwiebeln und Minze in einer großen Schüssel vermengen.

2 Olivenöl und Zitronensaft in einer kleinen Schale mit einer Gabel verquirlen.

3 Kichererbsenmehl, Kreuzkümmel und Paprikapulver in eine breite, tiefe Schüssel sieben. Das Öl in einer Pfanne auf mittlerer Stufe erhitzen. Die Kichererbsen im Würzmehl wenden und dann portionsweise in der Pfanne unter häufigem Rühren 2–3 Minuten anbräunen.

4 Die warmen Kichererbsen unter die Quinoamischung heben und das Dressing dazugeben. Warm oder abgekühlt servieren.

Thailändischer Nudelsalat

Für 4 Portionen

Vorbereitung: 20 Min. plus Einweichzeit

Garzeit: 5 Min.

Zutaten

200 g getrocknete Reis-Vermicelli
2 EL Erdnussöl
1 rote Zwiebel, in feine Streifen geschnitten
2 Karotten, in feine Stifte geschnitten
125 g Babymaiskolben, längs halbiert
1 Knoblauchzehe, zerdrückt
150 g Bohnensprossen
2 EL vegane Fischsauce (s. S. 66)
Saft von ½ Limette
1 TL Zucker
½ TL getrocknete Chiliflocken
4 EL frisch gehackter Koriander
4 Frühlingszwiebeln, in feine Ringe geschnitten
40 g Erdnüsse, geröstet
Limettenspalten, zum Servieren

Zubereitung

1 Die Nudeln 10 Minuten in heißem Wasser einweichen oder nach Packungsangaben zubereiten. Gut abtropfen lassen.

2 Das Öl in einem Wok erhitzen und die Zwiebel darin 1 Minute unter Rühren anbraten.

3 Karotten und Mais zugeben und 2 Minuten pfannenrühren. Den Knoblauch untermischen und den Wok vom Herd nehmen.

4 Die Bohnensprossen unterheben. Das Gemüse in eine Servierschüssel füllen und die Nudeln sorgfältig unterheben.

5 Fischsauce, Limettensaft, Zucker, Chiliflocken und die Hälfte des Korianders in einer Schale verrühren, über die Gemüse-Nudel-Mischung geben und sorgfältig unterheben.

6 Den Salat in Servierschalen füllen. Mit Frühlingszwiebeln, Erdnüssen und dem restlichen Koriander bestreuen. Sofort heiß mit Limettenspalten servieren.

AUS EINEM TOPF

Tom-Yum-Suppe scharfsauer

Für 6 Portionen

Vorbereitung: 15 Min. plus Ruhezeit

Garzeit: 50 Min.

Zutaten

2 frische rote Chilis, entkernt und grob gehackt

6 EL Reisessig

1,2 l Gemüsebrühe

2 Zitronengrasstängel, längs halbiert

4 EL Sojasauce

1 EL Palmzucker

Saft von ½ Limette

2 EL Erdnuss- oder Speiseöl

225 g fester Tofu (Abtropfgewicht), in 1 cm dicke Würfel geschnitten

400 g Strohpilze aus der Dose, abgetropft

4 Frühlingszwiebeln, gehackt

1 kleiner Pak Choi, in Streifen geschnitten

Zubereitung

1 Chilis und Essig in einer nicht metallenen Schale mischen und abgedeckt bei Zimmertemperatur 1 Stunde ziehen lassen.

2 Währenddessen die Brühe in einem Topf zum Kochen bringen. Zitronengras, Sojasauce, Zucker und Limettensaft zufügen. Die Hitze reduzieren und 20–30 Minuten köcheln lassen.

3 Das Öl in einem vorgeheizten Wok erhitzen. Die Tofuwürfel darin bei starker Hitze 2–3 Minuten unter Rühren rundum anbräunen. (Je nach Größe des Woks eventuell in zwei Portionen anbraten.)

4 Die Tofuwürfel mit einem Schaumlöffel herausnehmen und auf Küchenpapier abtropfen lassen.

5 Chilis samt Essig, Tofu, Pilzen und der Hälfte der Frühlingszwiebeln in die Brühe geben und 10 Minuten garen.

6 Die restlichen Frühlingszwiebeln mit dem Pak Choi mischen. Frühlingszwiebeln und Pak Choi über die Suppe streuen und sofort servieren.

Avocado-Mandel-Suppe

Für 4 Portionen

Vorbereitung: 10 Min. plus Kühlzeit

Garzeit: 30 Min.

Zutaten

1 Zwiebel, fein gehackt

1 Selleriestange, fein gehackt

1 Karotte, gerieben

4 Knoblauchzehen, fein gehackt oder zerdrückt

1 Lorbeerblatt

100 g gemahlene Mandeln

2 reife Avocados (etwa 450 g)

3–4 EL frisch gepresster Zitronensaft

Salz

frisch gehackter Schnittlauch, zum Garnieren

Zubereitung

1 600 ml Wasser, Zwiebel, Sellerie, Karotte, Knoblauch, Lorbeerblatt und 1/2 Teelöffel Salz in einen großen Topf geben und zum Kochen bringen. Die Hitze reduzieren, den Topf abdecken und 30 Minuten köcheln lassen, bis das Gemüse sehr weich ist.

2 Die Suppe abgießen und die Kochflüssigkeit dabei auffangen. Das Lorbeerblatt aus dem Gemüse entfernen.

3 Das Gemüse in einen Mixer oder eine Küchenmaschine geben. Die Mandeln und etwas Kochflüssigkeit zugeben und glatt mixen. Etwas Kochflüssigkeit zugießen und noch einmal mixen. In eine Schüssel geben, das restliche Kochwasser zugießen und gut verrühren. Die Schüssel abdecken und die Suppe abkühlen lassen.

4 Die Avocados halbieren und die Kerne entfernen. Mit einem Löffel das Fruchtfleisch von der Schale lösen und direkt in den Mixer geben. Die kalte Suppe nach und nach zugeben und mixen. Falls Sie eine dünnere Konsistenz wünschen, noch etwas kaltes Wasser zufügen.

5 Den Zitronensaft zugeben, mit etwas Salz abschmecken und verrühren. Auf vier gekühlte Teller verteilen, mit Schnittlauch bestreuen und servieren.

Erbsen-Kräuter-Suppe mit Basilikumöl

Für 4 Portionen

Vorbereitung: 15 Min. plus Kühlzeit

Garzeit: 15–20 Min.

Zutaten

30 g vegane Margarine

6 Frühlingszwiebeln, gehackt

1 Selleriestange, fein gehackt

375 g gefrorene oder frische gepalte Erbsen

700 ml Gemüsebrühe

2 EL frisch gehackter Dill

1 EL frisch gehackter Schnittlauch

35 g Rucola

2 EL Tofu-Crème-fraîche, alternativ Sojasahne

Salz und Pfeffer

Grissini, zum Servieren

Basilikumöl

30 g Basilikum

200 ml Olivenöl

Zubereitung

1 Die Margarine in einem Topf bei mittlerer Hitze zerlassen. Frühlingszwiebeln und Sellerie hinzugeben, abdecken und 5 Minuten dünsten. Erbsen und Brühe hinzugeben, aufkochen und 10 Minuten köcheln lassen. Vom Herd nehmen. Zugedeckt 20 Minuten abkühlen lassen.

2 In der Zwischenzeit für das Basilikumöl die Basilikumblätter von den Stängeln zupfen und mit der Hälfte des Öls im Mixer pürieren. Das restliche Öl hinzugießen und erneut mixen. In eine kleine Schale umfüllen.

3 Dill, Schnittlauch und Rucola in die Suppe geben und mit dem Stabmixer alles glatt pürieren. Die Tofu-Crème-fraîche oder Sojasahne einrühren. Die Suppe sanft wieder erhitzen, ohne sie zu kochen, und mit Salz und Pfeffer abschmecken.

4 Die Suppe auf vier Suppenschalen verteilen und mit dem Basilikumöl beträufeln. Mit Grissini servieren. Alternativ die Suppe vollständig auskühlen lassen und mindestens 1 Stunde in den Kühlschrank stellen, dann abschmecken und servieren.

Melonen-Tomaten-Suppe

Für 4 Portionen

Vorbereitung: 30 Min. plus Kühlzeit

Garzeit: keine

Zutaten

1,5 kg Wassermelone

4 Tomaten, gehäutet und entkernt

10-cm-Stück Gurke, geschält, entkernt und in Stücke geschnitten

2 Frühlingszwiebeln, nur die grünen Teile, fein gehackt

1 EL frisch gehackte Minze

Salz und Pfeffer

Minzestängel, zum Garnieren

Zubereitung

1 Das Wassermelonen-Fruchtfleisch aus der Schale lösen, entkernen und in Stücke schneiden.

2 Die Tomaten mit einem Pürierstab oder in der Küchenmaschine pürieren. Bei laufendem Motor Gurke, Frühlingszwiebeln, Wassermelone und Minze zugeben. Mit Salz und Pfeffer würzen und glatt mixen.

3 Falls Sie weder Pürierstab noch eine Küchenmaschine besitzen, drücken Sie die Wassermelonenstücke durch ein feinmaschiges Sieb in eine Schüssel. Die Tomaten ganz fein hacken und zu der Wassermelone geben. Mit Salz und Pfeffer abschmecken. Die Gurke fein hacken und zusammen mit den Frühlingszwiebeln zur Mischung geben.

4 Die Suppe über Nacht kalt stellen. Noch einmal abschmecken und auf Suppentellern anrichten. Mit der Minze garnieren und eiskalt servieren.

Maiseintopf

Für 6 Portionen   Vorbereitung: 15 Min.   Garzeit: 35 Min.

Zutaten

1 EL Olivenöl
1 Zwiebel, fein gehackt
1 Karotte, fein gewürfelt
1 Porreestange, fein gehackt
2 Knoblauchzehen, fein gehackt
1 TL getrockneter Thymian
1 EL Mehl
1,5 l vegane Brühe
200 g Süßkartoffeln, fein gehackt
500 g Maiskörner, Tiefkühlware
Salz und Pfeffer

Zubereitung

1 Das Öl in einer großen Pfanne auf mittlerer bis hoher Stufe erhitzen. Zwiebel, Karotte, Porree, Knoblauch und Thymian darin 5–8 Minuten dünsten, bis die Zwiebel glasig und weich geworden ist.

2 Das Mehl hinzufügen und 1 Minute anschwitzen, dann die Brühe unter kräftigem Rühren eingießen.

3 Die Süßkartoffeln hineingeben, alles einmal aufkochen und dann auf niedriger Stufe 20 Minuten unter Rühren köcheln, bis die Süßkartoffeln gar sind.

4 Den Mais hinzufügen und weitere 5 Minuten köcheln.

5 500 ml des Eintopfs in einer Küchenmaschine oder einem Mixer fein pürieren, dann zurück in den Topf geben. Gut umrühren und mit Salz und Pfeffer nach Geschmack würzen. Die Suppe nochmals erhitzen und sofort servieren.

Kichererbsensuppe

Für 6 Portionen

Vorbereitung: 15 Min. plus Einweichzeit

Garzeit: 90 Min.

Zutaten

400 g getrocknete Kichererbsen, über Nacht in kaltem Wasser eingeweicht

2 EL Olivenöl

1 Zwiebel, fein gehackt

2 Knoblauchzehen, fein gehackt

450 g Mangold, geputzt und fein gehackt

2 frische Rosmarinzweige

400 g Tomatenstücke aus der Dose

Salz und Pfeffer

geröstete Weißbrotscheiben, zum Servieren

Zubereitung

1 Die Kichererbsen abgießen und in einen Topf geben. Mit, kaltem Wasser bedecken und zum Kochen bringen. Den dabei entstehenden Schaum mit einem Schaumlöffel abschöpfen. Die Hitze reduzieren und 1–1 1/4 Stunde köcheln, bis die Kichererbsen gar und weich sind. Falls nötig, zwischendurch Wasser zugießen.

2 Die Kichererbsen abgießen und dabei den Kochsud auffangen. Die Kichererbsen mit Salz und Pfeffer würzen und zwei Drittel in die Küchenmaschine oder in den Mixer füllen. Etwas Kochsud zugießen und glatt pürieren. Bei laufendem Motor so viel Kochsud zugießen, bis eine glatte Suppe entsteht. Dann die Suppe zurück in den Topf gießen.

3 Das Öl in einem Topf erhitzen. Zwiebel und Knoblauch zugeben und bei mittlerer Hitze 3–4 Minuten unter Rühren weich dünsten. Mangold und Rosmarin zufügen und 3–4 Minuten unter Rühren anbraten. Die Tomaten zugeben und weitere 5 Minuten köcheln. Die Rosmarinzweige entfernen.

4 Die Mangoldmischung zur Kichererbsensuppe geben und 2–3 Minuten köcheln lassen. Mit Salz und Pfeffer würzen.

5 Die Suppe auf sechs vorgewärmte Suppenschalen verteilen und mit geröstetem Weißbrot servieren.

Süßkartoffelsuppe

Für 4 Portionen | Vorbereitung: 15 Min. | Garzeit: 30 Min.

Zutaten

2 TL Pflanzenöl

1 Zwiebel, gewürfelt

1 EL frisch gehackte Ingwerwurzel

1 EL vegane rote thailändische Currypaste

1 TL Salz

650 g Süßkartoffeln, gewürfelt

400 ml fettarme Kokosmilch aus der Dose

1 l vegane Brühe

Saft von 1 Limette

30 g frisch gehackter Koriander, zum Garnieren

Zubereitung

1 Das Öl auf mittlerer bis hoher Stufe in einem großen, schweren Topf erhitzen. Zwiebel und Ingwer darin etwa 5 Minuten unter Rühren weich dünsten. Currypaste und Salz hinzufügen und unter Rühren noch 1 Minute dünsten. Süßkartoffeln, Kokosmilch und Brühe hineingeben, einmal aufkochen und auf mittlerer Stufe ohne Deckel etwa 20 Minuten köcheln, bis die Süßkartoffeln gar sind.

2 Die Suppe portionsweise in einer Küchenmaschine oder einem Mixer pürieren. Alternativ im Topf mit einem Stabmixer zerkleinern. Die Suppe zurück in den Topf füllen und zum Köcheln bringen. Kurz vor dem Servieren den Limettensaft unterrühren. Heiß und mit Koriander garniert servieren.

Bohnen-Kohl-Suppe

Für 6 Portionen

Vorbereitung: 30 Min. plus Einweichzeit

Garzeit: 2–2½ Std.

Zutaten

200 g getrocknete Canellini-Bohnen, über Nacht in kaltem Wasser eingeweicht

3 EL Olivenöl

2 rote Zwiebeln, grob gehackt

4 Karotten, in Scheiben geschnitten

4 Selleriestangen, gehackt

4 Knoblauchzehen, gehackt

600 ml Gemüsebrühe

400 g Tomatenstücke aus der Dose

2 EL frisch gehackte glatte Petersilie

Salz und Pfeffer

500 g Cavolo nero (Schwarzkohl) oder Wirsing, in Streifen geschnitten

1 altbackene, kleine Ciabatta oder Baguette, in Stücke zerteilt

natives Olivenöl extra, zum Servieren

Zubereitung

1 Die Bohnen abgießen, abspülen und in einen großen Topf geben. Mit reichlich kaltem Wasser bedecken, zum Kochen bringen und den entstehenden Schaum mit einem Schaumlöffel abschöpfen. Die Hitze reduzieren und 1–1½ Stunden köcheln, bis die Bohnen weich sind. Bei Bedarf mehr Wasser zugießen.

2 In der Zwischenzeit das Öl in einem großen Topf erhitzen und Zwiebeln, Karotten und Sellerie darin bei mittlerer Hitze 10–15 Minuten unter Rühren weich dünsten. Knoblauch zugeben und weitere 1–2 Minuten dünsten.

3 Die Bohnen abgießen und das Kochwasser auffangen. Die Hälfte der Bohnen, Gemüsebrühe, Tomaten und Petersilie in die Gemüsemischung geben und verrühren. Mit Salz und Pfeffer würzen. Zum Kochen bringen und unter gelegentlichem Rühren 30 Minuten köcheln lassen. Den Schwarzkohl zugeben und weitere 15 Minuten unter Rühren köcheln lassen.

4 Die restlichen Bohnen mit etwas von dem zurückbehaltenen Kochwasser in einen Mixer oder eine Küchenmaschine geben und glatt pürieren. Zusammen mit dem Brot in die Suppe rühren. Es sollte eine dicke Suppe entstehen. Falls Sie eine dünnere Konsistenz wünschen, rühren Sie noch etwas von dem zurückbehaltenen Kochwasser ein. Noch einmal aufkochen und vom Herd nehmen.

5 Auf Suppentellern anrichten und mit Olivenöl beträufeln. Sofort heiß servieren.

Thai-Suppe mit Vermicelli

Für 4 Portionen

Vorbereitung: 15 Min. plus Einweichzeit

Garzeit: 12 Min.

Zutaten

15 g getrocknete Shiitake-Pilze

1,2 l vegane Brühe

1 EL Erdnussöl

4 Frühlingszwiebeln, in Ringe geschnitten

120 g Babymaiskolben, in Scheiben geschnitten

2 Knoblauchzehen, zerdrückt

2 frische Kaffir-Limettenblätter, gehackt

2 EL vegane rote thailändische Currypaste

100 g Reis-Vermicelli

1 EL helle Sojasauce

2 EL frisch gehackter Koriander, zum Garnieren

Zubereitung

1 Die Pilze in einer Schüssel mit der Brühe bedecken und 20 Minuten einweichen.

2 Das Erdnussöl in einem Topf auf mittlerer Stufe erhitzen. Frühlingszwiebeln, Mais, Knoblauch und Limettenblätter darin 3 Minuten weich dünsten.

3 Die Currypaste und die eingeweichten Pilze samt dem Einweichwasser hinzugeben und zum Kochen bringen. Dann auf niedriger Stufe 5 Minuten unter gelegentlichem Rühren köcheln.

4 Vermicelli und Sojasauce unterrühren, erneut aufkochen und auf niedriger Stufe weitere 4 Minuten köcheln, bis die Nudeln al dente sind. Die Suppe auf vorgewärmte Suppenschalen verteilen, mit gehacktem Koriander garnieren und sofort servieren.

Bunter Kichererbseneintopf

Für 4 Portionen

Vorbereitung: 20 Min. plus Einweichzeit

Garzeit: 2 3/4 Std.

Zutaten

- 250 g getrocknete Kichererbsen, über Nacht in kaltem Wasser eingeweicht
- 3 EL Olivenöl
- 1 große Zwiebel, in Ringe geschnitten
- 2 Knoblauchzehen, fein gehackt
- 2 Porreestangen, in Ringe geschnitten
- 175 g Karotten, in Scheiben geschnitten
- 4 kleine Rüben, in Scheiben geschnitten
- 4 Selleriestangen, in Ringe geschnitten
- 120 g Bulgur
- 400 g Tomatenstücke aus der Dose
- 2 EL Schnittlauchröllchen, plus etwas mehr zum Garnieren
- Salz und Pfeffer

Zubereitung

1. Die Kichererbsen abgießen und in einen großen Topf geben. Mit Wasser bedecken und zum Kochen bringen. 15 Minuten kochen, dann die Hitze auf geringe Stufe reduzieren und 1 1/2 Stunden köcheln lassen.
2. In der Zwischenzeit das Öl erhitzen und die Zwiebel darin 5 Minuten weich dünsten. Knoblauch, Porree, Karotten, Rüben und Sellerie zugeben und weitere 5 Minuten dünsten.
3. Bulgur, Tomaten und Schnittlauch zufügen und zum Kochen bringen. Mit Salz und Pfeffer würzen. Die Mischung in eine große, runde Auflaufform füllen und mit Alufolie verschließen.
4. Sobald die Kichererbsen 1 1/2 Stunden gegart sind, einen Dämpfeinsatz auf dem Kochtopf befestigen. Die Form mit der Bulgurmischung in den Dämpfeinsatz stellen. Mit einem sauberen Küchentuch abdecken und weitere 40 Minuten garen.
5. Die Form und den Dämpfeinsatz vom Topf entfernen. Die Kichererbsen abgießen und in das Bulgur-Gemüse rühren. In eine vorgewärmte Servierschale füllen und mit Schnittlauch garnieren. Sofort heiß servieren.

Süßkartoffel-Linsen-Eintopf

Für 4 Portionen   Vorbereitung: 15 Min.   Garzeit: 30 Min.

Zutaten

2 EL Olivenöl

350 g Süßkartoffeln, in 1-cm-Würfel geschnitten

1 Zwiebel, gehackt

1 Karotte, gehackt

1 Porreestange, in Ringe geschnitten

1 Lorbeerblatt

85 g Puy-Linsen

700 ml vegane Brühe

1 EL frisch gehackter Salbei

Salz und Pfeffer

Zubereitung

1. Das Öl auf niedriger Stufe erhitzen. Süßkartoffeln, Zwiebel, Karotte, Porree und Lorbeerblatt darin 5 Minuten dünsten.
2. Linsen, Brühe und Salbei hineingeben und alles zum Kochen bringen. Auf niedriger Stufe 20 Minuten köcheln, bis die Linsen gar, aber noch nicht zerkocht sind.
3. Mit Salz und Pfeffer abschmecken. Vom Herd nehmen und das Lorbeerblatt entfernen. Den Eintopf sofort servieren.

Indische Nudelsuppe

Für 4 Portionen	Vorbereitung: 25 Min.	Garzeit: 25–30 Min.

Zutaten

400 g vegane Nudeln
2 EL Pflanzen- oder Erdnussöl
1 Zwiebel, fein gehackt
1 TL gemahlener Kreuzkümmel
½ TL gemahlene Kurkuma
2 Knoblauchzehen, zerdrückt
2 TL frisch geriebene Ingwerwurzel
1 TL Salz
2 frische grüne Chilis, fein gehackt
100 g Zuckererbsen, der Länge nach in feine Streifen geschnitten
2 große Karotten, in dünne Stifte geschnitten
1 rote Paprika, entkernt und in feinen Streifen
2 Tomaten, fein gehackt
2 EL vegane Sojasauce
1 l Gemüsebrühe
1 TL Pfeffer
200 g junger Spinat
6 EL frisch gehackter Koriander
1 TL geröstetes Sesamöl

Zubereitung

1. Die Nudeln nach Packungsanweisung kochen. Abgießen, mit kaltem Wasser abschrecken und beiseitestellen.
2. Das Pflanzenöl in einem großen Topf bei mittlerer Stufe erhitzen, die Zwiebel hinzufügen und unter Rühren 8–10 Minuten dünsten, bis sie leicht gebräunt ist.
3. Kreuzkümmel, Kurkuma, Knoblauch, Ingwer, Salz und Chilis dazugeben und unter Rühren 1–2 Minuten dünsten. Zuckererbsen, Karotten und Paprika hinzufügen und unter Rühren weitere 1–2 Minuten garen.
4. Tomaten, Sojasauce, Brühe und Pfeffer zugeben. Zum Kochen bringen, dann die Hitze reduzieren und 10–12 Minuten köcheln lassen, bis das Gemüse weich ist.
5. Die Nudeln mit dem Spinat hineingeben und erneut aufkochen. Rühren, bis der Spinat zusammenfällt, dann vom Herd nehmen und Koriander und Sesamöl unterrühren. In Schalen geben und sofort servieren.

1

3

5

Kichererbsen-Cashew-Curry

Für 4–6 Portionen Vorbereitung: 40 Min. Garzeit: 45 Min.

Zutaten

150 g Kartoffeln
3 EL Pflanzenöl
1 Zwiebel, gehackt
2 Knoblauchzehen, gehackt
3-cm-Stück frische Ingwerwurzel, geschält und fein gehackt
1 TL Kreuzkümmelsamen
1 TL Chilipulver
je ½ TL Kurkuma und Zimt
400 g Kichererbsen aus der Dose, abgespült und abgetropft
150 g Cashewkern-Hälften
350 ml vegane Brühe
100 g Kokoscreme
frisch gehackter Koriander, zum Garnieren
gekochter Reis, zum Servieren

Zubereitung

1 Die Kartoffeln in mundgerechte Stücke schneiden und in einen großen Topf mit kochendem Wasser geben und darin 10–15 Minuten bissfest garen.

2 Das Öl in einem großen Topf auf mittlerer Stufe erhitzen. Zwiebel, Knoblauch, Ingwer, Kreuzkümmelsamen, Chilipulver, Kurkuma und Zimt darin 5 Minuten dünsten, bis die Zwiebel weich und glasig geworden ist.

3 Gekochte Kartoffeln, Kichererbsen und Cashewkerne hinzufügen und weitere 3 Minuten garen. Brühe und Kokoscreme eingießen und rühren, bis die Kokoscreme aufgelöst ist. Auf niedriger Stufe etwa 15 Minuten sämig einköcheln.

4 Mit Koriander garnieren und das Curry sofort mit gekochtem Reis servieren.

Blumenkohl-Auberginen-Curry

Für 4–6 Portionen   Vorbereitung: 30 Min.   Garzeit: 35 Min.

Zutaten

80 g Cashewkerne
½ TL Knoblauch-Ingwer-Paste
4 EL Erdnussöl
1 große Zwiebel, gehackt
5 grüne Kardamomkapseln, leicht zerdrückt
1 Zimtstange, halbiert
¼ TL geriebene Kurkuma
250 g Sojasahne
150 g kleine Kartoffeln
150 g Blumenkohlröschen
½ TL Garam Masala
150 g Auberginen
150 g grüne Bohnen
Salz und Pfeffer
frisch gehackte Minze oder Koriander, zum Garnieren

Zubereitung

1 Eine große Pfanne mit Deckel oder eine Kasserolle erhitzen und die Cashewkerne darin rösten, bis sie anfangen zu bräunen. Auf einen Teller geben und leicht abkühlen lassen.

2 Cashewkerne, Knoblauch-Ingwer-Paste und 1 Esslöffel Wasser in den Mixer geben und zu einer glatten Paste mixen.

3 Das Erdnussöl in der Pfanne erhitzen und die Zwiebel darin goldbraun dünsten. Die Cashewpaste zugeben und unter Rühren kurz anbraten. Kardamom, Zimt und Kurkuma zufügen und verrühren. Mit Sojasahne und 200 ml Wasser ablöschen und unter Rühren zum Kochen bringen. Die Hitze auf die niedrigste Stufe reduzieren, die Pfanne abdecken und 5 Minuten köcheln lassen.

4 Die Kartoffeln in Stücke schneiden. Mit Blumenkohl und Garam Masala einrühren, die Pfanne abdecken und 5 Minuten köcheln lassen. Auberginen und Bohnen in Stücke schneiden und einrühren, dann weitere 5 Minuten köcheln lassen, bis das Gemüse gar ist. Bei Bedarf zwischendurch Wasser zugießen, damit die Sauce nicht anbrennt.

5 Salzen und pfeffern, mit Minze bestreuen und servieren.

Paprika-Auberginen-Curry

Für 4 Portionen   Vorbereitung: 35 Min.   Garzeit: 30 Min.

Zutaten

Erdnuss- oder Pflanzenöl, zum Frittieren, plus 2 EL mehr zum Braten

2 Auberginen, in 2 cm große Würfel geschnitten

1 Bund Frühlingszwiebeln, grob gehackt

2 Knoblauchzehen, zerdrückt

2 rote Paprika, in 2 cm große Würfel geschnitten

3 Zucchini, in dicke Scheiben geschnitten

2 EL rote Currypaste

400 ml Kokosmilch

1 Handvoll frischer Koriander, gehackt, plus ein paar Blätter mehr zum Garnieren

gekochter Reis oder Nudeln, zum Servieren

Zubereitung

1 Das Öl zum Frittieren in einem vorgewärmten Wok oder einem großen Topf auf 180 °C erhitzen. (Ein Brotwürfel bräunt darin in 30 Sekunden.) Einige Auberginenwürfel zugeben und etwa 1 Minute knusprig braun braten. Mit einem Schaumlöffel aus dem Wok nehmen und auf Küchenpapier abtropfen lassen. Auf diese Weise mit den restlichen Auberginenwürfeln verfahren.

2 Das restliche Öl in einem weiteren Wok oder einer großen Pfanne erhitzen. Frühlingszwiebeln und Knoblauch zugeben und bei mittlerer Hitze 1 Minute pfannenrühren. Paprika und Zucchini zufügen und weitere 3 Minuten pfannenrühren. Die Currypaste zugeben, kurz anbraten und mit Kokosmilch ablöschen. Unter Rühren zum Kochen bringen. Auberginen und Koriander einrühren, die Hitze reduzieren und 2–3 Minuten köcheln.

3 Das Curry in eine Servierschüssel füllen, mit Koriander garnieren und mit Nudeln oder Reis servieren.

Chili mit Tortilla-Chips

Für 4 Portionen | Vorbereitung: 15 Min. | Garzeit: 20 Min.

Zutaten

4 EL vegane Brühe
1 Zwiebel, grob gehackt
1 grüne Paprika, entkernt und fein gehackt
1 rote Paprika, entkernt und fein gehackt
1 TL fein gehackter Knoblauch
1 TL fein gehackte Ingwerwurzel
2 TL gemahlener Kreuzkümmel
½ TL Chilipulver
2 EL Tomatenmark
400 g gehackte Tomaten aus der Dose
400 g Kidneybohnen aus der Dose, abgespült und abgetropft
400 g Augenbohnen aus der Dose, abgespült und abgetropft
Salz und Pfeffer
vegane Tortilla-Chips, zum Servieren

Zubereitung

1 Die Brühe in einem großen Topf erhitzen. Zwiebel und Paprika hineingeben und 5 Minuten weich köcheln.

2 Knoblauch, Ingwer, Kreuzkümmel, Chilipulver, Tomatenmark und Tomaten unterrühren. Mit Salz und Pfeffer abschmecken und 10 Minuten köcheln.

3 Beide Bohnensorten hinzufügen und weitere 5 Minuten köcheln, bis die Suppe schön heiß ist. Sofort mit Tortilla-Chips servieren.

Grünes Wokgemüse

Für 4–6 Portionen Vorbereitung: 15 Min. Garzeit: 5–10 Min.

Zutaten

500 g gemischtes grünes Blattgemüse, z.B. Pak Choi, Grünkohl, Mangold und Spinat

250 g grüner Spargel

5 EL Erdnussöl

3-cm-Stück frischer Ingwer, gewürfelt

½–1 frischer grüner oder roter Chili, entkernt und gewürfelt

3 große Knoblauchzehen, in dünnen Scheiben

6 Frühlingszwiebeln, grüner und weißer Teil in Ringen

3–4 EL Gemüsebrühe oder Wasser

2 EL Sojasauce

½ TL Salz

Pfeffer

1 kleine Handvoll frische Korianderblätter

1 TL Sesamsaat

1 EL geröstetes Sesamöl

gekochter Reis oder asiatische Nudeln, zum Servieren

Zubereitung

1 Stiele und mittige große Blattrippen vom Blattgemüse entfernen. Stiele und Rippen in 1-cm-Stücke zerteilen. Die Blätter in Streifen schneiden.

2 Die holzigen Enden des Spargels abschneiden und entsorgen. Die Stangen in 2-cm-Stücke schneiden. Die Spitzen ganz lassen.

3 Das Erdnussöl in einen großen Wok geben und stark erhitzen. Wenn der Rauchpunkt fast erreicht ist, Ingwer, Chili und Knoblauch darin 30 Sekunden pfannenrühren.

4 Frühlingszwiebeln, Spargel und die gehackten Gemüsestiele hinzufügen. Mit der Brühe ablöschen und 2 Minuten pfannenrühren.

5 Blätterstreifen, Sojasauce, Salz und etwas Pfeffer hinzugeben und nochmals 3 Minuten pfannenrühren.

6 Koriander, Sesam und Sesamöl hinzufügen. Weitere 30 Sekunden pfannenrühren. Sofort mit gekochtem Reis servieren.

1

5

6

Wokgemüse mit Ingwer & Miso

Für 2 Portionen   Vorbereitung: 35 Min.   Garzeit: 10 Min.

Zutaten

1 EL Miso-Paste, in 2 EL kochendem Wasser aufgelöst

1 EL Tomatenmark

2,5-cm-Stück frische Ingwerwurzel, geschält

2 EL Pflanzenöl

1 EL Sesamöl

1 grüne Paprika, entkernt und in Stifte geschnitten

1 rote Paprika, entkernt und in Stifte geschnitten

¼ Weißkohl, entkernt und in dünne Streifen geschnitten

1 Karotte, in Stifte geschnitten

1 frischer roter Chili, entkernt und fein gehackt

6 Frühlingszwiebeln, fein gehackt

50 g Sojabohnen

50 g Cashewkerne, grob gehackt

gekochter Reis oder vegane Nudeln, zum Servieren

Zubereitung

1 Für die Sauce aufgelöstes Miso und Tomatenmark in einer Schüssel verrühren. Den Ingwer grob reiben, in eine Knoblauchpresse geben und direkt in die Miso-Masse pressen.

2 Pflanzen- und Sesamöl in einem Wok auf hoher Stufe erhitzen. Paprika, Kohl, Karotte, Chili, Zwiebeln, Bohnen und Cashewkerne 5 Minuten pfannenrühren.

3 Die Miso-Ingwer-Sauce einrühren und 1 Minute weitergaren.

4 Sofort mit Reis oder Nudeln servieren.

Kidneybohnen-Risotto

Für 4 Portionen | Vorbereitung: 15 Min. | Garzeit: 1 Std.

Zutaten

4 EL natives Olivenöl extra
1 Zwiebel, gehackt
2 Knoblauchzehen, fein gehackt
175 g Naturreis
600 ml Gemüsebrühe
Salz und Pfeffer
1 rote Paprika, gehackt
2 Selleriestangen, in Ringen
250 g Champignons, in dünnen Scheiben
450 g schwarze Bohnen aus der Dose, abgetropft und abgespült
3 EL frisch gehackte Petersilie, plus etwas mehr zum Garnieren
50 g Cashewkerne

Zubereitung

1 Die Hälfte des Öls in einem großen Topf erhitzen. Die Zwiebel darin unter gelegentlichem Rühren 5 Minuten weich dünsten. Die Hälfte des Knoblauchs zufügen und 2 Minuten mitdünsten. Den Reis zugeben und etwa 1 Minute glasig dünsten.

2 Die Brühe mit einer Prise Salz in den Topf geben und unter Rühren aufkochen. Die Hitze reduzieren und den Reis unter ständigem Rühren 30–40 Minuten kochen, bis er die gesamte Brühe aufgesogen hat.

3 Unterdessen das restliche Öl in einer großen Pfanne erhitzen. Paprika und Sellerie darin unter Rühren 5 Minuten dünsten. Dann die Champignons und den restlichen Knoblauch zufügen und alles 4–5 Minuten dünsten.

4 Den fertig gegarten Reis in die Pfanne geben, Bohnen, Petersilie und Cashewkerne zufügen und mit Salz und Pfeffer abschmecken. Die Mischung gut erhitzen, dann das fertige Gericht in eine vorgewärmte Servierschüssel füllen, mit Petersilie garnieren und sofort servieren.

Kürbis-Maronen-Risotto

Für 4 Portionen   Vorbereitung: 15 Min.   Garzeit: 35 Min.

Zutaten

3 EL vegane Margarine
1 EL natives Olivenöl extra
1 kleine Zwiebel, fein gehackt
250 g Kürbis, gewürfelt
250 g Maronen, gekocht, geschält und grob gehackt
350 g Arborio-Reis
150 ml trockener Weißwein
1 TL zerriebene Safranfäden (nach Belieben)
1 l heiße Gemüsebrühe
Salz und Pfeffer
85 g veganer Parmesan, gerieben

Zubereitung

1 In einem großen Topf 2 Esslöffel Margarine mit dem Öl bei mittlerer Hitze zerlassen. Zwiebel und Kürbis darin unter gelegentlichem Rühren 5 Minuten dünsten, bis die Zwiebel weich ist und der Kürbis gerade braun wird. Dann die Maronen einrühren.

2 Die Hitze reduzieren, den Reis zufügen und unter ständigem Rühren 2–3 Minuten glasig dünsten. Mit dem Wein ablöschen und 1 Minute unter Rühren mitkochen.

3 Die Safranfäden, falls verwendet, in 4 Esslöffeln heißer Brühe auflösen und zum Reis geben. Rühren, bis der Reis die Flüssigkeit aufgesogen hat.

4 Nun die Brühe nach und nach schöpflöffelweise zugeben; dabei ständig rühren und weitere Brühe zugießen, sobald der Reis die vorangegangene Portion aufgesogen hat. Insgesamt etwa 20 Minuten kochen, bis der Reis gar und cremig ist und die gesamte Brühe aufgenommen hat. Salzen und pfeffern.

5 Den Risotto vom Herd nehmen und die restliche Margarine einrühren. Dann den Käse unterheben und schmelzen lassen. Den Risotto auf vier Teller verteilen und sofort servieren.

Rote-Bete-Risotto mit Knusperbröseln

Für 6 Portionen Vorbereitung: 20 Min. Garzeit: 90 Min.

Zutaten

500 g frische Rote Beten, ungeschält

2 EL Olivenöl

1 Zwiebel, fein gehackt

1 Knoblauchzehe, fein gehackt

250 g Risottoreis

800 ml vegane Brühe

200 ml veganer trockener Weißwein

Salz und Pfeffer

Knusperbrösel

1 EL Kümmelsamen

50 g frische helle vegane Semmelbrösel

½ TL Zucker

1 EL Pflanzenöl

Zubereitung

1 Die Roten Beten in einem Topf mit Wasser bedecken und zum Kochen bringen. 45 Minuten garen, bis die Beten weich sind und mit einer Gabel eingestochen werden können. Abgießen und unter fließend kaltem Wasser schälen – die Schale sollte sich leicht abziehen lassen. Die Beten beiseitestellen.

2 Den Backofen auf 180 °C vorheizen. Das Öl in einem Schmortopf auf mittlerer Stufe erhitzen. Zwiebel und Knoblauch darin 3–4 Minuten glasig dünsten. Reis, Brühe und 150 ml Wein unterrühren, abdecken und 30 Minuten im Ofen garen, bis der Reis fertig ist.

3 Für die Knusperbrösel den Kümmel mit einem Teigroller zerkleinern, dann alle Bröselzutaten in einer kleinen Schüssel mischen. In einer kleinen Pfanne auf mittlerer Stufe unter ständigem Rühren 2–3 Minuten rösten. Auf einen Teller geben und auf Zimmertemperatur abkühlen lassen.

4 Ein Viertel der Roten Beten in einer Küchenmaschine zu einem feinen Püree verarbeiten. Die restlichen Beten fein hacken. Gehackte und pürierte Rote Beten mit dem restlichen Wein in den Risotto geben und mit Salz und Pfeffer nach Geschmack würzen. Den Risotto auf sechs angewärmte Servierteller verteilen, mit ein paar Bröseln bestreuen und sofort servieren.

Gemüse-Paella mit Cashewkernen

Für 4 Portionen Vorbereitung: 15 Min. Garzeit: 30 Min.

Zutaten

3 EL natives Olivenöl extra
1 rote Zwiebel, gehackt
250 g Paella-Reis
1 TL Kurkuma
1 TL gemahlener Kreuzkümmel
1/2 TL Chilipulver
3 Knoblauchzehen, zerdrückt
1 frischer grüner Chili, in Ringen
1 grüne Paprika, gewürfelt
1 rote Paprika, gewürfelt
80 g Babymaiskolben, längs halbiert
2 EL schwarze Oliven, entsteint
1 große Tomate, entkernt und gewürfelt
500 ml Gemüsebrühe
50 g Cashewkerne
50 g Erbsen, Tiefkühlware aufgetaut
Salz und Pfeffer
2 EL frisch gehackte Petersilie
1 Prise Cayennepfeffer
frische Petersilienstängel, zum Garnieren

Zubereitung

1 Das Öl in einer Paella-Pfanne oder einer anderen großen, flachen Pfanne auf mittlerer Stufe erhitzen. Die Zwiebel darin 2–3 Minuten unter Rühren weich dünsten.

2 Reis, Kurkuma, Kreuzkümmel, Chilipulver, Knoblauch, Chili, Paprika, Mais, Oliven und Tomate zugeben und 1–2 Minuten mitbraten. Dann die Brühe zugießen und aufkochen. Die Hitze reduzieren und alles unter Rühren 20 Minuten köcheln lassen.

3 Cashewkerne und Erbsen zugeben und unter gelegentlichem Rühren 5 Minuten mitkochen. Anschließend alles mit Salz und Pfeffer abschmecken und mit Petersilie und Cayennepfeffer bestreuen. Die fertige Paella auf vorgewärmte Teller verteilen, mit Petersilienstängeln garnieren und sofort servieren.

Spargel-Walnuss-Lasagne

Für 4 Portionen

Vorbereitung: 15 Min. plus Ruhezeit

Garzeit: 40 Min.

Zutaten

175 g grüne Spargelstangen, geputzt
3 EL Olivenöl
70 g Frühlingszwiebeln, gehackt
2 Knoblauchzehen, gehackt
4 EL Mehl
850 ml ungesüßte Sojamilch
1 TL Sojasauce
100 g Walnüsse, grob gehackt, plus etwas mehr zum Garnieren
6 vegane grüne Lasagneplatten
Salz und Pfeffer

Zubereitung

1 Den Backofen auf 180 °C vorheizen.

2 Leicht gesalzenes Wasser in einem Topf zum Kochen bringen. Den Spargel darin 6–10 Minuten garen, abgießen und mit kaltem Wasser abschrecken.

3 Das Öl in einer Pfanne auf mittlerer Stufe erhitzen. Dann Frühlingszwiebeln und Knoblauch darin 3 Minuten garen, dann das Mehl hinzufügen und 1 Minute unter Rühren anschwitzen. Langsam und unter ständigem Rühren die Sojamilch eingießen und aufkochen. 1–2 Minuten weiterkochen, bis die Masse andickt. Vom Herd nehmen, die Sojasauce unterrühren und mit Salz und Pfeffer nach Geschmack würzen.

4 Die Hälfte des Spargels in einer Auflaufform (18 cm x 24 cm) verteilen. Mit der Hälfte der Walnüsse bestreuen, einem Drittel der Sauce übergießen und mit drei Lasagneplatten belegen. Dann wieder Spargel, Walnüsse, Sauce und Lasagneplatten aufschichten. Zum Schluss mit der restlichen Sauce übergießen und mit fein gehackten Walnüssen bestreuen. Mit Pfeffer würzen.

5 25 Minuten im Ofen backen, bis die Lasagneplatten gar sind und die Oberseite des Auflaufs braun geworden ist. Vor dem Servieren 5 Minuten ruhen lassen.

Kartoffel-Brokkoli-Auflauf mit Erdnüssen

Für 4 Portionen

Vorbereitung: 15 Min. plus Ruhezeit

Garzeit: 55 Min.

Zutaten

500 g neue Kartoffeln, in Scheiben geschnitten

1 EL Olivenöl

½ kleine Zwiebel, fein gehackt

400 ml Kokosmilch

8 EL grobe Erdnussbutter

1 EL Sojasauce

2 TL Zucker

½ TL getrocknete rote Chiliflocken

200 g Brokkoliröschen

60 g ungesalzene Erdnüsse

2 TL zerlassene vegane Margarine

Salz und Pfeffer

Zubereitung

1 Den Backofen auf 190 °C vorheizen.

2 Leicht gesalzenes Wasser in einem großen Topf zum Kochen bringen. Die Kartoffeln hineingeben, erneut aufkochen und 8–10 Minuten garen, bis sie etwas weich geworden sind. Abgießen und beiseitestellen.

3 Das Öl in einem Topf auf mittlerer Stufe erhitzen. Die Zwiebel darin 2 Minuten andünsten, dann Kokosmilch, Erdnussbutter, Sojasauce, Zucker und Chiliflocken unterrühren. Zum Kochen bringen und rühren, bis alles gut vermengt ist. Auf niedriger Stufe 5 Minuten köcheln.

4 Derweil den Brokkoli in einem Topf mit Dämpfeinsatz 4–5 Minuten dämpfen, bis er fast gar ist.

5 Brokkoli und Erdnüsse in den Topf mit der Sauce geben und gut unterrühren. Den Brokkoli mit Salz und Pfeffer nach Geschmack würzen und in eine rechteckige Auflaufform füllen.

6 Mit den Kartoffelscheiben bedecken und mit der zerlassenen Margarine beträufeln. Nochmals pfeffern und 20–25 Minuten im vorgeheizten Ofen goldgelb backen. Vor dem Servieren 5 Minuten ruhen lassen.

HAUPTGERICHTE

Würzig gefüllte Paprika

Für 4 Portionen

Vorbereitung: 25 Min. plus Ruhezeit

Garzeit: 35 Min.

Zutaten

4 verschiedenfarbige Paprika

Olivenöl aus der Sprühflasche

1 Zwiebel, fein gehackt

2 Knoblauchzehen, gehackt

2,5-cm-Stück frische Ingwerwurzel, geschält und gerieben

1–2 frische Serrano-Chilis, entkernt und gehackt

1 TL gemahlener Kreuzkümmel

1 TL gemahlener Koriander

85 g gekochter brauner Basmatireis

1 große Karotte, gerieben

1 große Zucchini, gerieben

25 g getrocknete Aprikosen, fein gehackt

1 EL frisch gehackter Koriander

Salz und Pfeffer

frische Kräuter, zum Garnieren

Zubereitung

1 Den Backofen auf 190 °C vorheizen. Von den Paprika einen Deckel abschneiden und beiseitelegen. Dann die Paprika entkernen und in einer Schüssel mit kochendem Wasser bedecken. 10 Minuten ziehen lassen, abgießen und beiseitestellen.

2 Eine große Pfanne auf mittlerer Stufe erhitzen und mit Öl besprühen. Zwiebel, Knoblauch, Ingwer und Chilis darin 3 Minuten unter häufigem Rühren braten. Die gemahlenen Gewürze hinzufügen und 2 Minuten braten.

3 Die Pfanne vom Herd nehmen. Reis, Karotte, Zucchini, Aprikosen, gehackten Koriander, Salz und Pfeffer nach Geschmack unterrühren. Die Paprika damit befüllen.

4 Die gefüllten Paprika in eine Auflaufform setzen, die so groß ist, dass die Paprika darin aufrecht stehen können. Die beiseitegestellten Deckel aufsetzen. 150 ml Wasser in die Form gießen, dann mit einem Deckel oder mit Alufolie abdecken. 25–30 Minuten im vorgeheizten Ofen backen, bis die Paprika gar sind. Vor dem Servieren mit frischen Kräutern garnieren.

Calzone mit Pilz-Spinat-Füllung

Für 2 Portionen

Vorbereitung: 30 Min. plus Ruhezeit

Garzeit: 35 Min.

Zutaten

375 g Mehl, plus etwas mehr zum Bestäuben

1 TL Salz, 1 EL Zucker

7 g Trockenbackhefe

2 EL Olivenöl

Füllung

2 EL Olivenöl

2 Zwiebeln, in Ringe geschnitten

3 Knoblauchzehen, fein gehackt

200 g Mischpilze, grob gehackt

2 EL Pinienkerne

2 EL veganer trockener Weißwein

175 g frischer Babyspinat

1 EL frisch gehacktes Basilikum

Salz und Pfeffer

Zubereitung

1 Den Backofen auf 190 °C vorheizen. Ein großes Backblech mit Mehl bestäuben.

2 Für die Füllung das Öl in einem Topf auf mittlerer Stufe erhitzen. Zwiebeln, Knoblauch und Pilze darin garen, bis die Zwiebeln weich und glasig geworden sind. Pinienkerne und Wein hinzufügen und weitere 2 Minuten garen. Den Spinat in Streifen schneiden und mit Basilikum in den Topf geben und noch 2 Minuten erhitzen, bis der Spinat zusammengefallen ist. Mit Salz und Pfeffer nach Geschmack würzen.

3 Für den Teig Mehl, Salz, Zucker und Hefe in eine Schüssel geben. Öl und 225 ml warmes Wasser unterrühren. Den Teig auf eine bemehlte Arbeitsfläche geben und 10 Minuten durchkneten. Dann zu zwei Fladen mit 26 cm Ø ausrollen.

4 Die Füllung auf die beiden Fladen verteilen. Jeweils auf einer Hälfte des Teigs platzieren und 4 cm Rand frei lassen. Die nicht belegte Seite dann über die Füllung schlagen und die Ränder mit den Fingern oder mit einer Gabel andrücken und versiegeln.

5 Die Pizzas auf das vorbereitete Backblech geben, 20 Minuten an einem warmen Ort gehen lassen und dann im Ofen 15–20 Minuten backen, bis sie beginnen, braun zu werden.

Gefüllte Kartoffeln

Für 2 Portionen

Vorbereitung: 15 Min. plus Abkühlzeit

Garzeit: 35 Min.

Zutaten

Pflanzenöl, zum Einfetten

2 gleich große Backkartoffeln

Olivenöl, zum Bestreichen und Braten

3 dünn geschnittene Scheiben Räuchertofu

1 EL frisch gehackte gemischte Kräuter, z. B. Salbei, Petersilie, Oregano

10 g vegane Margarine

Salz und Pfeffer

Zubereitung

1. Den Backofen auf 190 °C vorheizen. Ein Backblech einfetten.
2. Die Kartoffeln in Frischhaltefolie einwickeln. 6–10 Minuten in der Mikrowelle garen. Die Kartoffeln abkühlen lassen, halbieren und ganz vorsichtig aushöhlen. Dabei einen Rand von etwa 1 cm stehen lassen. Das Innere der Kartoffeln beiseitestellen.
3. Die Schalen der Kartoffeln mit Olivenöl einreiben und mit der Schnittseite nach unten auf das vorbereitete Backblech legen. 15 Minuten im vorgeheizten Ofen backen, bis sie angebräunt sind. Dann aus dem Ofen nehmen und mit der Schnittseite nach oben auf ein sauberes Backblech geben.
4. Etwas Olivenöl in einer Pfanne auf mittlerer Stufe erhitzen. Die Tofuscheiben darin 5 Minuten knusprig braten, dann fein hacken oder zerbröckeln. Das beiseitegestellte Kartoffelinnere mit einer Gabel zerdrücken und mit Tofu und gehackten Kräutern verrühren. Mit Salz und Pfeffer nach Geschmack würzen.
5. Den Backofengrill vorheizen. Die Kartoffelfüllung auf die ausgehöhlten Kartoffeln verteilen und mit etwas veganer Margarine belegen. 5 Minuten unter dem Backofengrill überbacken, bis die Oberseite goldgelb und knusprig ist. Sofort servieren.

Pizza mit Röstgemüse

Für 2 Stück

Vorbereitung: 40 Min. plus Ruhezeit

Garzeit: 75 Min.

Zutaten

je 1 grüne und gelbe Paprika, in Streifen geschnitten

1 Zucchini, in Scheiben geschnitten

½ Aubergine, in Scheiben geschnitten

1 rote Zwiebel, in Ringe geschnitten

2 EL Olivenöl, plus etwas mehr zum Anbraten und Einfetten

1 Handvoll frische Basilikumblätter, grob zerzupft

1 EL schwarze Oliven, halbiert

1 EL Pinienkerne

Tomatensauce

1 Zwiebel, fein gehackt

2 Knoblauchzehen, zerdrückt

400 g gehackte Tomaten

1 TL brauner Zucker

1 TL getrocknete Tomatenpaste

1 TL getrockneter Oregano

Salz und Pfeffer

Pizzaboden

Zutaten wie für Calzone auf S. 136

Zubereitung

1 Den Backofen auf 200 °C vorheizen. Zwei Backbleche leicht einfetten. Paprika, Zucchini, Aubergine und rote Zwiebel in einer großen Schüssel im Olivenöl wenden, bis das Gemüse gut vom Öl überzogen ist. In eine Auflaufform geben und 30 Minuten im vorgeheizten Ofen backen, bis das Gemüse zu bräunen beginnt. Aus dem Ofen nehmen und beiseitestellen.

2 Für die Sauce 1 Esslöffel Öl in einer Pfanne erhitzen. Die Zwiebel darin 4–5 Minuten garen. Den Knoblauch hinzufügen und 1 Minute mitdünsten. Die restlichen Zutaten unterrühren und 6–8 Minuten einköcheln. Mit Salz und Pfeffer nach Geschmack würzen, vom Herd nehmen und abkühlen lassen.

3 Für die Pizzaböden Mehl, Salz, Zucker und Hefe in eine große Schüssel sieben. 2 Esslöffel Öl und 225 ml warmes Wasser hinzufügen. Den Teig auf einer leicht bemehlten Arbeitsfläche 8–10 Minuten durchkneten. Zu zwei Fladen mit 25 cm Ø ausrollen. Auf die vorbereiteten Backbleche legen. Das Basilikum unter die Sauce rühren und diese gleichmäßig auf den Böden verstreichen. Mit Oliven, Gemüse und Pinienkernen belegen. Die Pizzas 20 Minuten an einem warmen Ort gehen lassen. Die Backofentemperatur auf 230 °C erhöhen und die Pizzas 10–12 Minuten goldbraun backen. 5 Minuten ruhen lassen.

Gefüllter Rotkohl mit Pilzen & Nüssen

Für 4–6 Portionen

Vorbereitung: 20 Min.

Garzeit: 60–65 Min.

Zutaten

1 großer Rotkohl
Saft von 2 Zitronen
3 EL Olivenöl
1 Zwiebel, gehackt
150 g Champignons, gehackt
175 g gemischte Nüsse, gehackt
3 Knoblauchzehen, fein gehackt
2 EL frisch gehackter Oregano
120 g gekochter roter Camargue-Reis
300 ml Gemüsebrühe
Meersalz und Pfeffer
vegane Tomatensauce (Fertigprodukt)

Zubereitung

1 Den Backofen auf 180 °C vorheizen. Eine runde Auflaufform mit Butter einfetten.

2 Leicht gesalzenes Wasser in einem Topf zum Kochen bringen. 8–10 Blätter vom Rotkohl ablösen und ins kochende Wasser geben. Die Hälfte des Zitronensafts hinzufügen und 4 Minuten kochen. Abgießen und trocken tupfen. Den dicksten Teil des Strunks herausschneiden.

3 Den verbliebenen Kohl längs halbieren und eine Hälfte für ein anderes Rezept beiseitelegen. Die andere Hälfte vierteln und den Strunk entfernen. Die Blätter raspeln.

4 Das Öl und die Hälfte der Butter in einer großen Pfanne auf mittlerer Stufe erhitzen. Die Zwiebel darin 5 Minuten glasig dünsten.

5 Pilze, Nüsse, Rotkohl, Knoblauch, Oregano sowie Salz und Pfeffer nach Geschmack hinzufügen und 5 Minuten dünsten.

6 Den Reis, den verbliebenen Zitronensaft und die Hälfte der Brühe unterrühren und weitere 2 Minuten dünsten.

7 Die Auflaufform rundum mit Kohlblättern auslegen, dabei keine Lücke lassen. Die Füllung hineingeben und gut andrücken. Die verbliebene Butter in Flocken darauf verteilen.

8 Die Blätter über die Füllung falten und die verbliebene Brühe am Formrand angießen. Mit Alufolie abdecken und 45–50 Minuten im vorgeheizten Ofen backen. Den gefüllten Rotkohl in Stücke schneiden und mit Tomatensauce servieren.

3

4

8

Pfannengerührter Kohl mit Walnüssen

Für 4 Portionen Vorbereitung: 15 Min. Garzeit: 15 Min.

Zutaten

350 g Weißkohl
350 g Rotkohl
4 EL Erdnussöl
1 EL Walnussöl
2 Knoblauchzehen, zerdrückt
8 Frühlingszwiebeln, in Stücke geschnitten
250 g schnittfester Tofu, in Würfel geschnitten
2 EL Zitronensaft
100 g Walnüsse, halbiert
2 TL Dijon-Senf
Salz und Pfeffer
2 TL Mohn, zum Garnieren

Zubereitung

1 Mit einem scharfen Messer oder einem Gemüsehobel beide Kohlsorten in feine Streifen hobeln.

2 Erdnuss- und Walnussöl in einem Wok erhitzen. Knoblauch, Kohl, Frühlingszwiebeln und Tofu nacheinander in den Wok geben und etwa 5 Minuten pfannenrühren.

3 Zitronensaft, Walnüsse und Senf zugeben und verrühren.

4 Mit Salz und Pfeffer würzen und weitere 5 Minuten garen, bis der Kohl weich ist.

5 In eine vorgewärmte Servierschüssel füllen, mit Mohn bestreuen und sofort heiß servieren.

Pak Choi mit Cashewkernen

Für 4 Portionen

Vorbereitung: 10 Min.

Garzeit: 15 Min.

Zutaten

2 EL Erdnussöl

2 rote Zwiebeln, in dünne Spalten geschnitten

175 g Rotkohl, in feine Streifen gehobelt

250 g Pak Choi, grob zerzupft

2 EL Pflaumensauce

100 g geröstete Cashewkerne

Zubereitung

1 Das Öl erhitzen und die Zwiebeln darin goldbraun dünsten. Den Rotkohl zugeben und 2–3 Minuten pfannenrühren.

2 Die Pak-Choi-Blätter zufügen und weitere 5 Minuten pfannenrühren, bis die Blätter leicht zusammenfallen.

3 Die Pflaumensauce unterrühren und alles aufkochen.

4 Die Cashewkerne zugeben, verrühren und auf vorgewärmte Servierschalen verteilen. Sofort servieren.

Gebratener Tofu

Für 6 Portionen   Vorbereitung: 15 Min.   Garzeit: 15 Min.

Zutaten

3 EL vegane Fischsauce (s. S. 66)

3 EL frisch gepresster Limetten- oder Zitronensaft

3 EL Palmzucker oder Zucker

1 Zitronengrasstängel

Speiseöl, zum Braten

1 große Schalotte, fein gehackt

1 große Knoblauchzehe, fein gehackt

1 roter Vogelaugen-Chili, entkernt und fein gehackt

900 g fester Tofu, abgetropft und in 1 cm dicke rechteckige Scheiben geschnitten

6 frische Korianderstängel, zum Garnieren

Zubereitung

1 Fischsauce, Limettensaft und Zucker in eine nicht metallene Schüssel geben und rühren, bis sich der Zucker vollständig aufgelöst hat.

2 Hüllblätter und Wurzelende des Zitronengrases entfernen, dann die unteren 15–20 cm fein reiben.

3 2 Esslöffel Öl in einem kleinen Topf erhitzen. Zitronengras, Schalotte, Knoblauch und Chili darin bei starker Hitze 5 Minuten unter Rühren anbraten, bis sie goldbraun und duftend sind.

4 Diese Mischung in die Fischsaucenmischung rühren.

5 2 Esslöffel Öl in einer beschichteten Pfanne erhitzen und die Tofuscheiben darin, falls nötig portionsweise, bei starker Hitze unter häufigem Wenden 6 Minuten goldbraun und rundum knusprig braten.

6 Die Tofustücke auf einem mit Küchenpapier ausgelegten Teller abtropfen lassen. Bei portionsweisem Braten bei Bedarf weiteres Öl in die Pfanne geben.

7 Die Tofustücke auf einer Servierplatte anrichten und mit der Würzsauce überziehen. Mit dem Koriander garnieren und sofort heiß servieren.

2

3

5

Gemüse-Tempura

Für 4 Portionen   Vorbereitung: 20 Min.   Garzeit: 30 Min.

Zutaten

150 g Tempura-Mehl
4 Shiitake-Pilze
4 frische grüne Spargelstangen, geputzt
4 Scheiben Süßkartoffeln
1 rote Paprika, in Streifen geschnitten
4 Zwiebelscheiben, in Ringe geteilt
Öl, zum Ausbacken

Sauce

2 TL Mirin (süßer japanischer Reiswein)
1 EL Shoyu (japanische Sojasauce)
2 EL vegane Dashi-Brühe

Zubereitung

1 Für die Sauce die Zutaten in einer Schale verrühren.

2 Das Mehl nach Packungsangaben mit der entsprechenden Menge Wasser anrühren.

3 Die Gemüsestücke in den Teig tauchen.

4 Reichlich Öl zum Ausbacken in einem Wok, einer Fritteuse oder einem großen, schweren Topf auf 180–190 °C erhitzen, bis ein Brotwürfel in 30 Sekunden braun wird.

5 Zwei oder drei Gemüsestücke aus dem Teig nehmen, in das heiße Fett geben und 2–3 Minuten goldgelb ausbacken.

6 Die Gemüsestücke mit einem Schaumlöffel herausnehmen und auf Küchenpapier abtropfen lassen. Warm halten, bis alle Gemüsestücke ausgebacken sind.

7 Das Gemüse-Tempura auf einer Servierplatte anrichten und sofort mit der Sauce servieren.

1

3

5

Gegrillte Tofuspieße

Für 6 Stück

Vorbereitung: 15 Min. plus Marinierzeit

Garzeit: 25 Min.

Zutaten

400 g fester Tofu

3 rote Zwiebeln, geviertelt

12 kleine Champignons

Marinade

250 ml passierte Tomaten

3 EL Apfelessig

2 EL dunkelbrauner Zucker

2 Knoblauchzehen, fein gehackt

¼ TL Salz

¼ TL Chilipulver

¼ TL geräuchertes Paprikapulver (Pimentón)

Zubereitung

1 Für die Grillmarinade alle Zutaten in einem Topf verrühren und auf niedriger Stufe 10 Minuten köcheln.

2 Den Tofu abtropfen lassen und überschüssiges Wasser mit Küchenpapier abtupfen. In 18 Stücke schneiden.

3 Tofustücke, Zwiebelviertel und Pilze auf ein Backblech geben und mit der warmen Marinade übergießen. Vorsichtig wenden, bis alles gut überzogen ist. Abdecken und abkühlen lassen. Diese Mischung kann bis zur Verwendung auch tiefgekühlt werden. Tofu und Gemüse mindestens 2 Stunden marinieren.

4 Den Backofengrill vorheizen. Falls Sie Holzspieße verwenden, sollten Sie diese vorher 10 Minuten in Wasser einweichen. Je zwei Pilze, zwei Zwiebelviertel und drei Tofustücke abwechselnd auf sechs Holzspieße stecken. Mit der restlichen Marinade bestreichen und unter dem Backofengrill oder auf einem Holzkohlegrill unter gelegentlichem Wenden schön braun grillen. Sofort servieren.

Karottenröllchen mit Kartoffelpüree

Für 4 Portionen

Vorbereitung: 15 Min. plus Ruhezeit

Garzeit: 40 Min.

Zutaten

Röllchen

1 EL Olivenöl

2 EL g gehackte Frühlingszwiebeln

1 Knoblauchzehe, gehackt

½ frischer roter Chili, entkernt und fein gehackt

1 TL gemahlener Kreuzkümmel

450 g Karotten, gerieben

½ TL Salz

3 EL grobe Erdnussbutter

2 EL fein gehackter frischer Koriander, plus etwas mehr zum Garnieren

100 g frische dunkle vegane Semmelbrösel

Mehl, zum Bestäuben

Pflanzenöl, zum Braten

Kartoffelpüree

1 kg mehlig kochende Kartoffeln, gehackt

3 EL ungesüßte Sojamilch

50 g vegane Margarine

Salz und Pfeffer

Zubereitung

1 Für die Röllchen das Olivenöl in einem Topf auf mittlerer Stufe erhitzen. Frühlingszwiebeln, Knoblauch, Chili und Kreuzkümmel darin 2 Minuten andünsten. Karotten und Salz hinzufügen und gut unterrühren. Den Topfdeckel aufsetzen und auf niedriger Stufe 6–8 Minuten dünsten, bis die Karotten gar sind.

2 Die Karottenmischung in einer Schüssel gründlich mit Erdnussbutter und Koriander vermengen. Kurz abkühlen lassen, dann die Semmelbrösel unterrühren.

3 Die Masse auf einer bemehlten Arbeitsfläche zu acht gleich großen Röllchen formen und mindestens 1 Stunde im Kühlschrank ruhen lassen. Das Öl in einer Pfanne auf mittlerer Stufe erhitzen. Die Röllchen darin 10 Minuten sacht unter gelegentlichem Wenden braten.

4 Währenddessen leicht gesalzenes Wasser in einem Topf zum Kochen bringen. Die Kartoffeln hineingeben und 15–20 Minuten garen, bis sie weich sind. Mit Milch und Margarine in einer Schüssel zerstampfen, bis keine Klumpen mehr vorhanden sind. Mit Salz und Pfeffer nach Geschmack würzen.

5 Das Kartoffelpüree auf angewärmte Teller geben und mit den Röllchen belegen. Mit den Korianderblättern garnieren und sofort servieren.

Chinesische Sesamnudeln

Für 4 Portionen　　Vorbereitung: 15 Min.　　Garzeit: 6 Min.

Zutaten

500 g chinesische Weizennudeln
3 EL Sonnenblumenöl
2 EL Sesamöl
1 Knoblauchzehe, zerdrückt
1 EL glatte Erdnussbutter
1 kleiner frischer grüner Chili, entkernt und sehr fein gehackt
3 EL geröstete Sesamsaat
4 EL helle Sojasauce
½ EL Limettensaft
4 EL frisch gehackter Koriander
Salz und Pfeffer

Zubereitung

1. Die Nudeln in kochendes Wasser geben und den Topf sofort vom Herd nehmen. Abdecken und 6 Minuten ziehen lassen. Die Nudeln abgießen und beiseitestellen. (Wahlweise die Nudeln nach Packungsanleitung zubereiten.)
2. In der Zwischenzeit für das Dressing Sonnenblumen- und Sesamöl, Knoblauch und Erdnussbutter glatt rühren.
3. Chili, Sesamsaat und Sojasauce unterrühren. Mit Limettensaft, Salz und Pfeffer abschmecken und nochmals gut verrühren.
4. Die Nudeln in eine vorgewärmte Schüssel geben. Die Sauce zugießen, Koriander zufügen und gut vermengen. Heiß servieren.

Linsenbolognese

Für 4 Portionen Vorbereitung: 15 Min. Garzeit: 60–75 Min.

Zutaten

175 g grüne Linsen
2 EL Olivenöl
1 große Zwiebel, gehackt
2 Knoblauchzehen, zerdrückt
je 2 Karotten und Selleriestangen, klein gewürfelt
800 g gehackte Tomaten aus der Dose
150 ml Gemüsebrühe
1 rote Paprika, klein gewürfelt
2 EL Tomatenmark
2 TL fein gehackter frischer Rosmarin
1 TL getrockneter Oregano
Salz und Pfeffer
300 g getrocknete Linguine
1 Handvoll Basilikum, klein zerzupft
frisch geriebener veganer Parmesan, zum Servieren

Zubereitung

1 Die Linsen in einen Topf geben und mit kaltem Wasser bedecken. Zum Kochen bringen und 20–30 Minuten kochen, bis die Linsen gar sind. Gut abtropfen.

2 Währenddessen das Öl in einem großen Topf erhitzen. Zwiebel, Knoblauch, Karotten und Sellerie hineingeben und 5 Minuten abgedeckt dünsten. Tomaten, Brühe, Paprika, Tomatenmark, Rosmarin und Oregano einrühren. Abdecken und 20 Minuten köcheln lassen, bis die Sauce andickt und das Gemüse gar ist. Die Linsen hinzugeben und unter Rühren weitere 5 Minuten kochen. Mit Salz und Pfeffer würzen.

3 In der Zwischenzeit in einem großen Topf leicht gesalzenes Wasser zum Kochen bringen. Die Pasta hineingeben, aufkochen und 8–10 Minuten kochen, bis sie bissfest ist. Abgießen und auf vier vorgewärmte Pastateller verteilen. Die Linsenbolognese darübergeben und mit Basilikum bestreuen. Sofort mit dem veganen Parmesan servieren.

Auberginen-Kichererbsen-Penne

Für 4 Portionen | Vorbereitung: 15 Min. | Garzeit: 45 Min.

Zutaten

1 große Prise Safranfäden
450 ml vegane Brühe
2 EL Olivenöl
1 große Zwiebel, grob gehackt
1 TL Kreuzkümmelsamen, zerstoßen
350 g Aubergine, gewürfelt
1 große rote Paprika, entkernt und gehackt
400 g gehackte Tomaten mit Knoblauch aus der Dose
1 TL Zimt
30 g frischer Koriander, Blätter und Stiele getrennt, grob gehackt
400 g Kichererbsen aus der Dose
280 g Penne
Salz und Pfeffer
Chilisauce, zum Servieren

Zubereitung

1 Die Safranfäden in einer Pfanne ohne Fett auf mittlerer Stufe 20–30 Sekunden rösten, bis sie ihr Aroma entfalten. In eine Schüssel geben und mit den Fingern zerbröseln. Die Brühe erhitzen und 2 Esslöffel zum Safran geben, bis zur Weiterverarbeitung beiseitestellen.

2 Das Öl in einem Topf erhitzen. Die Zwiebel 5–6 Minuten goldbraun braten. Den Kreuzkümmel hinzufügen und 20–30 Sekunden anrösten, dann Aubergine, Paprika, Tomaten, Zimt, Korianderstiele, Safranbrühe und die restliche Brühe unterrühren. Abdecken und 20 Minuten köcheln lassen.

3 Die Kichererbsen abspülen und abtropfen lassen, dann hinzufügen und mit Salz und Pfeffer nach Geschmack würzen. Weitere 5 Minuten köcheln, dann den Deckel abnehmen und die Sauce einkochen. Die Sauce bei Bedarf andicken.

4 Währenddessen leicht gesalzenes Wasser in einem Topf zum Kochen bringen. Die Nudeln hineingeben, erneut aufkochen und 8–10 Minuten garen, bis sie al dente sind. Abgießen und in eine angewärmte Servierschüssel füllen. Die Sauce und die Hälfte der Korianderblätter untermengen. Mit dem restlichen Koriander garnieren und sofort mit Chilisauce servieren.

Gnocchi mit Palmkohl & Artischocken

Für 4 Portionen

Vorbereitung: 25 Min. plus Abkühlzeit

Garzeit: 90 Min.

Zutaten

200 g Palm- oder Schwarzkohl, in Streifen geschnitten

2 EL Olivenöl

1 Zwiebel, gehackt

400 g Artischockenherzen aus der Dose, geviertelt

2 Knoblauchzehen, gehackt

1 TL rote Chiliflocken

Saft von ½ Zitrone

2 EL Pinienkerne

Salz

Gnocchi

675 g gleich große Backkartoffeln

250 g Mehl, plus etwas mehr zum Bestäuben

2 EL Olivenöl

Zubereitung

1 Für die Gnocchi den Backofen auf 230 °C vorheizen. Die Kartoffeln auf einem Backblech verteilen und dann 45–60 Minuten im Ofen backen, bis sie gar sind. Gut abkühlen lassen, pellen und das Fruchtfleisch mit einem Stampfer oder einer Kartoffelpresse sehr fein pürieren, sodass keine Klumpen mehr vorhanden sind.

2 Das Kartoffelpüree auf eine bemehlte Arbeitsfläche geben und 5 Minuten mit Mehl und Öl verkneten. Den Teig vierteln. Jedes Stück zu einer langen Rolle formen und diese in etwa 2 cm lange Stücke schneiden.

3 Gesalzenes Wasser in einem großen Topf zum Kochen bringen. Den Kohl hineingeben, erneut aufkochen und 6–8 Minuten garen. Abgießen und gut ausdrücken, um so viel Flüssigkeit wie möglich zu entfernen.

4 Das Öl in einer Pfanne auf hoher Stufe erhitzen. Die Zwiebel darin 3 Minuten dünsten. Artischocken, Knoblauch und Chili hinzufügen und zusammen 1 weitere Minute dünsten. Dann Kohl, Zitronensaft und Pinienkerne unterrühren. Beiseitestellen.

5 Gesalzenes Wasser in einem Topf zum Kochen bringen. Die Gnocchi portionsweise 2–3 Minuten darin kochen, bis sie an die Wasseroberfläche steigen. Die Gnocchi gut mit der Kohlmischung vermengen. Sofort servieren.

Spaghetti mit Kürbis & Tomaten

Für 4 Portionen

Vorbereitung: 15 Min. plus Abkühlzeit

Garzeit: 40 Min.

Zutaten

600 g Kürbis (z. B. Butternuss), in mundgerechte Stücke geschnitten

2 rote Zwiebeln, in Spalten geschnitten

1 EL Olivenöl

15 sonnengetrocknete Tomaten in Öl

350 g Spaghetti

Salz und Pfeffer

frische Basilikumblätter, zum Garnieren

Zubereitung

1 Den Backofen auf 180 °C vorheizen.

2 Kürbis und Zwiebeln im Olivenöl wenden. In eine große Auflaufform füllen und 25–30 Minuten im vorgeheizten Ofen rösten. 5 Minuten abkühlen lassen.

3 Die getrockneten Tomaten klein schneiden und unter das Röstgemüse mengen. Mit Salz und Pfeffer würzen.

4 Gesalzenes Wasser in einem großen Topf zum Kochen bringen. Die Spaghetti hineingeben, erneut aufkochen und 8–10 Minuten garen, bis sie al dente sind.

5 Die Spaghetti abgießen, gut abtropfen und auf angewärmte Servierteller verteilen. Das Gemüse darauf verteilen und mit frischen Basilikumblättern garnieren. Sofort servieren.

Grünkohl-Bohnen-Eintopf mit Chili

Für 4 Portionen   Vorbereitung: 10 Min.   Garzeit: 1½–1¾ Std.

Zutaten

350 g weiße Bohnen, über Nacht eingeweicht

1 EL Kreuzkümmelsamen

2 TL getrockneter Oregano

3 EL Erdnussöl

2 Zwiebeln, gehackt

2 Knoblauchzehen, in dünnen Scheiben

1–3 frische rote oder grüne Chilis, entkernt und in Ringen

400 g gehackte Tomaten aus der Dose

450 ml Gemüsebrühe

175 g geraspelter Grünkohl

5 EL frisch gehackter Koriander

Saft von 1 Limette

Meersalz und Pfeffer

2 Avocados, gewürfelt und in Limettensaft gewendet, und rote Zwiebelringe, zum Garnieren

Zubereitung

1 Die Bohnen abgießen und in einem Topf mit Wasser bedecken. 15 Minuten sprudelnd kochen, dann bei reduzierter Hitze 30–45 Minuten garen. Sie dürfen nicht zerfallen. Abgießen und beiseitestellen.

2 Die Kreuzkümmelsamen in einer trockenen Pfanne auf mittlerer Stufe rösten, bis sie duften. Den Oregano hinzufügen, ein paar Sekunden mitrösten, dann alles sofort aus der Pfanne nehmen.

3 Die Gewürze in einem Mörser zerstoßen.

4 Das Öl in einem großen Schmortopf auf mittlerer Stufe erhitzen. Zwiebeln und Gewürzmischung darin 5 Minuten braten, bis die Zwiebeln glasig sind. Knoblauch und Chilis hinzufügen und 2 weitere Minute braten.

5 Tomaten, Bohnen und Brühe hinzugeben. Mit Salz und Pfeffer nach Geschmack würzen und zum Kochen bringen. Dann abgedeckt bei reduzierter Hitze 30 Minuten unter gelegentlichem Rühren köcheln.

6 Die Hitze erhöhen und den Kohl unterrühren. Dann ohne Deckel 7 Minuten köcheln, bis er gar, aber noch von leuchtender Farbe ist. Koriander und Limettensaft unterrühren. Den Eintopf auf Suppenteller verteilen, mit Avocado und roter Zwiebel garnieren und sofort servieren.

4

5

6

Fusilli mit Pilzen

Für 4 Portionen | Vorbereitung: 15 Min. | Garzeit: 25 Min.

Zutaten

400 g Fusilli
60 g Haselnüsse
4 EL Olivenöl
1 Zwiebel, gehackt
4 Knoblauchzehen, gehackt
300 g Mischpilze, grob gehackt
4 EL frisch gehackte Petersilie
Salz und Pfeffer

Zubereitung

1 Gesalzenes Wasser in einem Topf zum Kochen bringen. Die Nudeln hineingeben, erneut aufkochen und etwa 10–12 Minuten garen, bis sie al dente sind.

2 Die Haselnüsse in einer Pfanne 3–4 Minuten rösten, bis die Haut braun wird. In ein feuchtes, sauberes Geschirrtuch geben, das Tuch über die Nüsse schlagen und auf der Arbeitsfläche reiben, bis die Haut entfernt ist. Die Nüsse grob hacken.

3 Das Öl in einem großen Topf auf mittlerer Stufe erhitzen. Zwiebel, Knoblauch und Pilze 5 Minuten braten, bis sie anfangen, braun zu werden. Die gehackten Nüsse zu der Pilzmischung geben und 1 weitere Minute garen. Salzen und pfeffern.

4 Die Nudeln abgießen und mit den Pilzen vermengen. Mit Petersilie garnieren und sofort servieren.

Spaghetti aglio e olio

Für 4 Portionen Vorbereitung: 10 Min. Garzeit: 15 Min.

Zutaten

500 g Spaghetti
125 ml natives Olivenöl extra
3 Knoblauchzehen, fein gehackt
Salz und Pfeffer
3 EL frisch gehackte Petersilie

Zubereitung

1 In einem großen Topf leicht gesalzenes Wasser aufkochen und die Pasta darin al dente kochen.

2 In der Zwischenzeit das Olivenöl in einer Pfanne erhitzen. Den Knoblauch sowie eine Prise Salz hineingeben und bei geringer Hitze unter ständigem Rühren 3–4 Minuten goldgelb anbraten. (Knoblauch nicht braun werden lassen, da er sonst einen bitteren Geschmack annimmt.) Die Pfanne vom Herd nehmen.

3 Die Pasta abgießen, abtropfen lassen und in eine vorgewärmte Servierschüssel füllen. Das mit Knoblauch aromatisierte Olivenöl darübergießen, dann die Petersilie zugeben und nach Belieben mit Salz und Pfeffer abschmecken. Alles gut vermengen und sofort servieren.

Nudeln mit Tofu & Teriyaki-Sauce

Für 2 Portionen Vorbereitung: 15 Min. Garzeit: 25 Min.

Zutaten

150 g vegane Asianudeln

200 g fester Tofu, abgetropft

2 EL Sonnenblumen- oder anderes Pflanzenöl

1 rote Paprika, entkernt und in dünne Streifen geschnitten

150 g Babymaiskolben, längs halbiert

200 g Choisum (asiatischer Blattkohl), in 4-cm-Streifen geschnitten

Salz

Sauce

3 EL Tamari- oder eine andere dunkle Sojasauce

3 EL Reiswein

2 EL heller Agavendicksaft

1 EL Speisestärke

1 EL frisch geriebene Ingwerwurzel

1–2 Knoblauchzehen, zerdrückt

Zubereitung

1 Leicht gesalzenes Wasser in einem Topf zum Kochen bringen. Die Nudeln hineingeben, erneut aufkochen und 4 Minuten garen, bis sie al dente sind. Abgießen.

2 Währenddessen den Tofu in mundgerechte Stücke schneiden. Mit reichlich Küchenpapier trocken tupfen. Eine beschichtete Pfanne auf niedriger bis mittlerer Stufe erhitzen. Die Tofustücke darin 3 Minuten braten, wenden und weitere 2–3 Minuten braten. Auf einen Teller geben.

3 Für die Sauce Tamari-Sauce, Reiswein, Agavendicksaft, Speisestärke, Ingwer und Knoblauch in einer Schüssel verquirlen, dann 250 ml Wasser unterrühren. Beiseitestellen.

4 Das Öl in einem Wok oder einer großen Pfanne erhitzen. Paprika und Babymaiskolben darin 3 Minuten pfannenrühren. Den Choisum hinzufügen und 2 weitere Minuten pfannenrühren. Die Sauce eingießen und unter ständigem Rühren erhitzen, bis sie kocht und andickt. Nudeln und Tofu hineingeben und alles 1–2 Minuten pfannenrühren. Sofort servieren.

Couscous mit Rösttomaten

Für 6 Portionen

Vorbereitung: 10 Min. plus Abkühlzeit

Garzeit: 18 Min.

Zutaten

300 g Kirschtomaten

3 EL Olivenöl

125 g Couscous

30 g Pinienkerne, geröstet

5 EL grob gehackte frische Minze

fein abgeriebene Schale von 1 Bio-Zitrone

½ EL Zitronensaft

Salz und Pfeffer

Zubereitung

1 Den Backofen auf 220 °C vorheizen. Die Tomaten in eine Auflaufform geben und in 1 Esslöffel Öl wenden. Dann 7–8 Minuten im Ofen backen, bis sie aufplatzen und weich sind. 5 Minuten abkühlen lassen.

2 Den Couscous in eine hitzebeständige Schüssel geben. Mit 200 ml kochendem Wasser übergießen. 8–10 Minuten aufquellen lassen, bis die ganze Flüssigkeit aufgesogen ist. Alles gut mit einer Gabel durchrühren.

3 Tomaten samt Sud, Pinienkerne, Minze, Zitronenschale, Zitronensaft und restliches Öl zum Couscous geben. Salzen und pfeffern und behutsam vermengen. Warm oder kalt servieren.

Tacos mit würzigen Bohnen

Für 4 Portionen Vorbereitung: 10 Min. Garzeit: 15 Min.

Zutaten

2 EL Olivenöl

1 Zwiebel, in dünne Ringe geschnitten

2 Knoblauchzehen, fein gehackt

1 grüne Paprika, entkernt und in Streifen geschnitten

2 EL getrocknete Tomatenpaste

2 EL Chipotle-Chilipaste (oder andere Chilipaste)

800 g schwarze Bohnen aus der Dose, abgespült und abgetropft

100 g Tomaten, grob gehackt

8 vegane Tacos

150 g Eisbergsalat, in Streifen geschnitten

1 Avocado, in Scheiben geschnitten

Zubereitung

1 Den Backofen auf 180 °C vorheizen.

2 Das Öl in einer großen Pfanne auf mittlerer bis hoher Stufe erhitzen. Zwiebel, Knoblauch und Paprika darin 5 Minuten dünsten, bis die Zwiebel glasig und weich geworden ist. Tomatenpaste, Chilipaste und schwarze Bohnen hinzufügen und weitere 5 Minuten garen. Die gehackten Tomaten unterrühren und den Topf vom Herd nehmen.

3 Die Tacos kopfüber auf ein Backblech stellen. 3 Minuten im vorgeheizten Ofen erwärmen.

4 Salat und Avocado in einer Schüssel mischen, dann auf die Tacos verteilen. Die Bohnenmischung bei Bedarf nochmals erhitzen und auf die erwärmten Tacos verteilen. Sofort servieren.

Pikanter Pilz-Burger

Für 6 Stück Vorbereitung: 15 Min. Garzeit: 12 Min.

Zutaten

425 g Kidneybohnen aus der Dose, abgespült und abgetropft

2 EL Sonnenblumenöl, plus etwas mehr zum Bestreichen

1 Zwiebel, fein gehackt

125 g weiße Champignons, fein gehackt

1 große Karotte, grob gerieben

2 TL geräuchertes Paprikapulver (Pimentón)

70 g feine Haferflocken

3 EL dunkle Sojasauce

2 EL Tomatenmark

30 g frischer Koriander, mit den Stielen gehackt

3 EL Mehl

Salz und Pfeffer

Zubereitung

1 Die Bohnen in einer großen Schüssel mit einem Kartoffelstampfer zerdrücken. Das Öl in einer Pfanne erhitzen und die Zwiebel 2 Minuten glasig dünsten. Pilze, Karotte und Paprikapulver hinzufügen. Noch 4 Minuten braten, bis das Gemüse gar ist.

2 Das gebratene Gemüse mit Haferflocken, Sojasauce, Tomatenmark und Koriander zu den Bohnen geben. Mit Salz und Pfeffer würzen und alles gründlich vermengen. In sechs gleich große Portionen teilen, zu Burgern formen und leicht im Mehl wenden.

3 Eine Grillpfanne bis zum Rauchpunkt erhitzen. Eine Seite der Burger leicht mit Öl bestreichen und in die Pfanne legen. Auf mittlerer Stufe 2–3 Minuten grillen, bis sie unten gut gebräunt sind. Die oberen Seiten der Burger dann auch mit Öl bestreichen, wenden und weitere 2–3 Minuten grillen. Noch heiß mit Salatblättern, Avocadoscheiben und Salsa in Hamburgerbrötchen servieren.

Bohnen-Burger

Für 4 Stück | Vorbereitung: 10 Min. | Garzeit: 20 Min.

Zutaten

1 EL Sonnenblumenöl, plus etwas mehr zum Einfetten

1 Zwiebel, fein gehackt

1 Knoblauchzehe, fein gehackt

1 TL gemahlener Koriander

1 TL gemahlener Kreuzkümmel

150 g Champignons, fein gehackt

425 g Pinto- oder Kidneybohnen aus der Dose, abgespült und abgetropft

2 EL frisch gehackte glatte Petersilie

Salz und Pfeffer

Mehl, zum Bestäuben

Zubereitung

1 Das Öl in einer Pfanne erhitzen. Die Zwiebel hineingeben und unter gelegentlichem Rühren 5 Minuten weich dünsten. Knoblauch, Koriander und Kreuzkümmel zugeben und unter gelegentlichem Rühren 1 Minute dünsten. Die Pilze zugeben und 4–5 Minuten unter ständigem Rühren garen, bis die gesamte Flüssigkeit verdampft ist. Die Mischung in eine Schüssel geben.

2 Die Bohnen in eine kleine Schüssel geben und mit einem Kartoffelstampfer oder einer Gabel zerdrücken. Mit der Petersilie unter die Pilzmischung rühren und mit Salz und Pfeffer abschmecken.

3 Den Backofengrill vorheizen. Die Mischung in vier Portionen aufteilen, in etwas Mehl wenden und zu flachen, runden Burgern formen. Mit Öl bestreichen und unter dem Grill 4–5 Minuten von jeder Seite grillen. Im Brötchen servieren.

Linsen-Paranuss-Braten

Für 6 Portionen

Vorbereitung: 15 Min. plus Ruhezeit

Garzeit: 55 Min.

Zutaten

vegane Margarine, zum Einfetten
250 g rote Linsen
1 Lorbeerblatt
2 EL Olivenöl
1 Zwiebel, fein gehackt
2 Knoblauchzehen, fein gehackt
1 Karotte, fein gehackt
300 g Paranüsse
1 EL Tomatenmark
1 EL Sojasauce
120 g frische helle vegane Semmelbrösel
1 EL getrockneter Oregano
gedämpftes grünes Gemüse, zum Servieren

Zubereitung

1 Den Backofen auf 190 °C vorheizen. Eine Kastenform (900 ml Volumen) einfetten und mit Backpapier auslegen.

2 Linsen und Lorbeerblatt in einem Topf mit 375 ml Wasser bedecken. Zum Kochen bringen, dann 25 Minuten köcheln, bis die Linsen gar und breiig sind. Das Lorbeerblatt entfernen und die Linsen beiseitestellen.

3 Das Öl in einer Pfanne auf mittlerer Stufe erhitzen und Zwiebel, Knoblauch sowie Karotte darin 3 Minuten dünsten. Ein Drittel der Paranüsse grob hacken. Die restlichen Nüsse in einer Küchenmaschine zermahlen. Die Zwiebelmischung mit den gemahlenen und gehackten Nüssen, Linsen, Tomatenmark, Sojasauce, Semmelbröseln und Oregano in eine Schüssel füllen. Gut mischen und in die vorbereitete Form drücken.

4 25 Minuten im Ofen backen. Erst leicht abkühlen lassen, dann herauslösen und in Scheiben schneiden. Heiß oder warm mit gedämpftem Gemüse servieren.

Variation

Ergänzen Sie eine farbenfrohe Füllung: Die Hälfte der Nussmasse in die Form geben und mit gehackten sonnengetrockneten Tomaten, gehackter gegrillter roter Paprika und frisch gehackten Kräutern belegen. Die restliche Nussmasse darauf verteilen. Wie in Schritt 4 backen.

Gemüse auf Sichuan-Art

Für 4 Portionen | Vorbereitung: 30 Min. | Garzeit: 10 Min.

Zutaten

2 EL Chiliöl

4 Knoblauchzehen, zerdrückt

5-cm-Stück frische Ingwerwurzel, geschält und gerieben

250 g Karotten, in dünne Streifen geschnitten

1 rote Paprika, entkernt und in Streifen geschnitten

150 g Shiitake-Pilze, in Scheiben geschnitten

150 g Zuckererbsen

3 EL Sojasauce

3 EL grobe Erdnussbutter

350 g Bohnensprossen

gekochter Reis, zum Servieren

Zubereitung

1 Das Chiliöl in einen vorgeheizten Wok geben und Knoblauch, Ingwer und Karotten 3 Minuten pfannenrühren. Die Paprika hinzufügen und 2 Minuten pfannenrühren.

2 Pilze und Zuckererbsen hinzugeben. 1 Minute pfannenrühren.

3 Sojasauce und Erdnussbutter in einer kleinen Schüssel verrühren.

4 Das Gemüse aus der Wokmitte mit einem Holzlöffel beiseiteschieben, sodass der Wokboden sichtbar wird. Die Sauce hineingießen und unter Rühren aufkochen, bis sie anzudicken beginnt. Die Bohnensprossen hinzufügen und das Gemüse unterrühren, bis alles von der Sauce umzogen ist.

5 Auf Servierteller verteilen und mit gekochtem Reis servieren.

Artischocken & Tomaten im Blätterteig

Für 6 Portionen

Vorbereitung: 20 Min. plus Abkühlzeit

Garzeit: 30 Min.

Zutaten

1 EL Olivenöl, plus etwas mehr zum Einfetten

1 Zwiebel, in Ringe geschnitten

2 Knoblauchzehen, fein gehackt

80 g sonnengetrocknete Tomaten in Öl, grob gehackt

150 g Artischockenherzen in Öl, grob gehackt

1 EL frisch gehackter Estragon

1 TL Paste aus sonnengetrockneten Tomaten

4 EL veganer trockener Weißwein

1 Packung veganer Blätterteig (Fertigprodukt)

Mehl, zum Bestäuben

Zubereitung

1 Den Backofen auf 200 °C vorheizen. Ein Backblech einfetten.

2 Das Öl in einer Pfanne auf mittlerer Stufe erhitzen und die Zwiebel darin 5 Minuten weich dünsten. Knoblauch, sonnengetrocknete Tomaten, Artischockenherzen, Estragon, Tomatenpaste und Wein hinzufügen. Alles gut vermengen und weitere 5 Minuten garen. 5 Minuten abkühlen lassen.

3 Den Blätterteig auf eine bemehlte Arbeitsfläche geben. Je zwei Kreise à 23 cm und 20 cm Ø ausschneiden.

4 Den kleineren Teigkreis auf das vorbereitete Backblech legen und mit der Füllung belegen. Dabei einen Rand von 2,5 cm frei lassen. Mit dem größeren Teigkreis abdecken und an den Rändern gut andrücken. Den Rand dann umschlagen und mit den Fingern oder einer Gabel kräuseln. Oben mittig mit der Spitze eines scharfen Messers ein kleines Loch einstechen, damit der Dampf beim Backen entweichen kann.

5 20 Minuten im Ofen goldgelb backen. Sofort servieren.

NASCHEREIEN

Schokoladenplätzchen

Ergibt 12 Stück

Vorbereitung: 20–30 Min. plus Kühlzeit

Garzeit: 10–12 Min.

Zutaten

veganer Ersatz für 1 Ei
85 g Mehl
25 g Kakaopulver
½ TL Backpulver
25 g vegane Margarine
100 g feiner Zucker
55 g Puderzucker

Zubereitung

1 Den Ei-Ersatz nach Packungsangaben in einer Schale zubereiten und 1 Minute mit einer Gabel aufschlagen, bis er Blasen wirft.

2 Mehl, Kakao und Backpulver zusammen in eine Schüssel sieben (damit der Kakao direkt gleichmäßig unter das Mehl gemischt wird). Die Margarine mit den Fingern hineinreiben, bis eine feinkrümelige Masse entsteht. Zucker und Ei-Ersatz vorzugsweise mit einem elektrischen Rührgerät oder alternativ mit einem Holzlöffel einarbeiten. Den Teig zu einer Kugel formen und in Frischhaltefolie eingeschlagen 30 Minuten kühlen.

3 Den Backofen auf 180 °C vorheizen. Ein Backblech mit Backpapier belegen.

4 Den Puderzucker auf einen großen Teller sieben. Den Teig in zwölf Portionen teilen und diese zu Kugeln formen. Im Puderzucker wenden, bis sie vollständig eingehüllt sind. Die Kugeln auf das vorbereitete Backblech setzen und im Ofen 10–12 Minuten backen. Auf ein Kuchengitter heben und abkühlen lassen.

Mandelbiscotti

Ergibt 20 Stück

Vorbereitung: 25 Min. plus Abkühlzeit

Garzeit: 40–45 Min.

Zutaten

150 g ganze Mandeln

veganer Ersatz für 4 Eier

300 g Mehl, plus etwas mehr zum Bestäuben

200 g feiner Zucker

½ TL Backpulver

1 TL Xanthan

½ TL grob gemahlenes Meersalz

5 Tropfen Vanilleextrakt

150 g vegane Bitterschokolade, zum Glasieren

Zubereitung

1 Den Backofen auf 180 °C vorheizen.

2 Die Mandeln auf einem Backblech verteilen und im vorgeheizten Backofen 8 Minuten rösten, bis sie zu duften beginnen. Abkühlen lassen, dann grob hacken. Das Backblech mit Backpapier belegen. Den Ei-Ersatz in einer Schale nach Packungsangaben zubereiten und mit einer Gabel aufschlagen, bis er Blasen wirft.

3 Mehl, Zucker, Backpulver und Xanthan in einer großen Schüssel mit einem Holzlöffel mischen. Ei-Ersatz, Mandeln, Salz und Vanilleextrakt zugeben und alles von Hand zu einem Teig kneten.

4 Den Teig auf ein bemehltes Schneidebrett geben und halbieren. Beide Teigportionen zu etwa 30 cm langen Rollen formen. Auf das vorbereitete Backblech setzen und 30–35 Minuten im vorgeheizten Ofen backen. Die Teigrollen auf das Schneidebrett heben und diagonal in jeweils zehn Scheiben schneiden. Die Scheiben mit einer Schnittseite wieder auf das Blech legen und weitere 10 Minuten im Ofen backen. Auf einem Kuchengitter abkühlen lassen.

5 Die Schokolade in Stücke brechen und in der Mikrowelle oder in einer hitzebeständigen Schüssel über einem Wasserbad schmelzen. Die Biscotti zur Hälfte in die Schokolade tauchen, abtropfen und auf einem Bogen Backpapier trocknen lassen.

3

4

4

Schoko-Marshmallow-Bissen

Ergibt 12 Stück

Vorbereitung: 30 Min. plus Kühlzeit

Garzeit: 15–20 Min.

Zutaten

Teig

150 g vegane Margarine, plus etwas mehr zum Einfetten

70 g feiner Zucker

175 g Mehl

1 TL Xanthan

25 g Kakaopulver

Belag

350 g vegane Schokolade, in Stücken

250 g vegane Margarine

1 EL heller Zuckerrübensirup

125 g vegane Marshmallows

100 g Walnusskerne, grob gehackt

Zubereitung

1. Den Backofen auf 180 °C vorheizen. Eine eckige Backform (20 cm x 30 cm) einfetten und mit Backpapier auskleiden.
2. Für den Teig Margarine und Zucker in einer großen Schüssel cremig rühren. Mehl, Xanthan und Kakao darübersieben und mit einem Holzlöffel einarbeiten. Die Masse in die vorbereitete Backform geben und von Hand andrücken. Im vorgeheizten Ofen 15–20 Minuten backen. In der Form abkühlen lassen.
3. Für den Belag die Schokolade mit Margarine und Sirup in einer hitzebeständigen Schüssel über einem Wasserbad schmelzen und rühren, bis die Masse glatt ist. Etwas abkühlen lassen.
4. Die Marshmallows eventuell in kleinere Stücke schneiden (oder Mini-Marshmallows verwenden). Die Hälfte davon zusammen mit den Walnüssen unter die Schokoladenmasse ziehen.
5. Auf den Teigboden geben und mit einem Löffel gleichmäßig verstreichen. Die restlichen Marshmallows darauf verteilen. Abkühlen und dann mindestens 2 Stunden im Kühlschrank fest werden lassen. Mit einem scharfen Messer in zwölf Stücke schneiden.

2

3

5

Schoko-Pfefferminz-Doppeldecker

Ergibt 10 Stück

Vorbereitung: 20 Min. plus Abkühlzeit

Garzeit: 10 Min.

Zutaten

veganer Ersatz für 2 Eier
125 g vegane Margarine
115 g feiner Zucker
1 TL veganes Glycerin
115 g Mehl
1 TL Backpulver
½ TL Natron
½ TL Xanthan
30 g Kakaopulver
5 EL Sojamilch

Füllung

40 g vegane Margarine
40 g Pflanzenfett
140 g Puderzucker
2 EL Sojasahne
2–3 Tropfen Pfefferminzextrakt

Zubereitung

1 Den Backofen auf 200 °C vorheizen. Zwei Backbleche mit Backpapier belegen. Den Ei-Ersatz nach Packungsangaben in einer Schale zubereiten und 1 Minute mit einer Gabel aufschlagen, bis er Blasen wirft.

2 Margarine, Zucker, Ei-Ersatz und Glycerin in einer Schüssel cremig rühren. Die Trockenzutaten darübersieben. Die Sojamilch zugießen und alles rasch zu einem Teig verarbeiten.

3 Mit zwei Teelöffeln 20 kleine Teigportionen auf die vorbereiteten Bleche setzen und im vorgeheizten Ofen 10 Minuten backen, bis die Plätzchen aufgegangen und durchgebacken sind. Auf ein Kuchengitter heben und vollständig abkühlen lassen.

4 Für die Füllung Margarine, Pflanzenfett, Puderzucker, Sojasahne und Pfefferminzextrakt mit einer Gabel cremig rühren. Die Masse mit einem Spritzbeutel oder einem Löffel auf die flache Seite von zehn Plätzchen geben und mit den restlichen Plätzchen zu Doppeldeckern zusammensetzen.

Mango-Kokos-Muffins

Ergibt 10 Stück

Vorbereitung: 20 Min. plus Abkühlzeit

Garzeit: 30 Min.

Zutaten

250 g Mehl

1 EL Backpulver

1 EL gemahlene Leinsamen

55 g Kokosraspel, plus 2 EL mehr für den Belag

125 g feiner Zucker

9 Kardamomkapseln

175 ml Sojamilch

5 EL Rapsöl

250 g vollreife Mango, geschält, Fruchtfleisch vom Stein geschnitten und klein gewürfelt

Zubereitung

1 Den Backofen auf 190 °C vorheizen. Eine Muffinform mit zehn Papierbackförmchen auslegen.

2 Mehl und Backpulver in eine große Schüssel sieben. Leinsamen, Kokosraspel und Zucker untermischen.

3 Die Kardamomkapseln öffnen. Die Samen herauslösen und in einem Mörser oder mit einer Teigrolle zerstoßen. In die Mehlmischung geben.

4 Sojamilch und Öl in einer zweiten Schüssel verquirlen und zusammen mit den Mangowürfeln kurz unter die Trockenzutaten rühren, bis ein grober Teig entstanden ist.

5 Den Teig in die vorbereiteten Förmchen füllen und mit den Kokosraspeln bestreuen. Im vorgeheizten Ofen 25–30 Minuten backen. Zur Probe einen Holzspieß in die Mitte stechen; er sollte trocken und sauber wieder herauskommen. Die Muffins 5 Minuten in der Form abkühlen lassen, auf ein Kuchengitter heben und vollständig abkühlen lassen.

Frühstücksmuffins mit Walnüssen

Ergibt 12 Stück

Vorbereitung: 20 Min. plus Abkühlzeit

Garzeit: 25 Min.

Zutaten

vegane Margarine, zum Einfetten
280 g Mehl
1 EL Backpulver
2 EL Espressopulver
1 TL Zimt
175 g Zucker
250 ml Sojamilch
80 ml Rapsöl
einige Tropfen Vanilleextrakt
100 g Walnüsse, gehackt

Knusperkruste

30 g fein gehackte Walnüsse
20 g brauner Zucker

Zubereitung

1 Den Backofen auf 180 °C vorheizen. Eine 12er-Muffinform leicht einfetten oder mit 12 Papierförmchen auslegen.

2 Mehl, Backpulver und Espressopulver in eine große Schüssel sieben, dann den Zucker untermischen.

3 In einer zweiten Schüssel Sojamilch, Öl und Vanilleextrakt verrühren. Zusammen mit den gehackten Walnüssen zu den trockenen Zutaten geben und vermengen, bis ein Teig entsteht und die Zutaten sich verbinden.

4 Den Teig auf die Muffinförmchen verteilen und mit fein gehackten Walnüssen und braunem Zucker bestreuen. Die Muffins 20–25 Minuten im Ofen backen, bis an einem in die Mitte der Muffins gestochenen Spieß kein Teig mehr haftet. 5 Minuten leicht abkühlen lassen, dann aus der Form lösen und servieren.

Mandel-Cupcakes

Ergibt 10 Stück   Vorbereitung: 25 Min.   Garzeit: 20–25 Min.

Zutaten

5 EL Rapsöl
4 EL Sojajoghurt
160 ml Sojamilch
160 g feiner Zucker
15 Tropfen Bittermandelaroma
40 g abgezogene gemahlene Mandeln
160 g Mehl
½ TL Xanthan
1½ TL Backpulver
½ TL Salz

Glasur und Dekorierung

60 g vegane weiße Schokolade, in Stücken
100 g Puderzucker
1½ EL Sojamilch
geröstete Mandelblättchen, zum Dekorieren

Zubereitung

1 Den Backofen auf 180 °C vorheizen. Eine 12er-Muffinform mit zehn Papierbackförmchen auslegen.

2 Öl, Joghurt, Milch, Zucker, Mandelaroma und gemahlene Mandeln in einer großen Schüssel mischen. Mehl, Xanthan, Backpulver und Salz darübersieben und mit einem elektrischen Rührgerät sorgfältig einarbeiten.

3 Den Teig in die vorbereiteten Förmchen füllen und im vorgeheizten Ofen 20–25 Minuten goldbraun backen. Die Cupcakes auf ein Kuchengitter heben und vollständig erkalten lassen.

4 Für die Glasur die Schokolade in einer hitzebeständigen Schüssel über einem Wasserbad unter häufigem Rühren schmelzen. Vom Wasserbad nehmen und etwas abkühlen lassen. Puderzucker und Sojamilch unterrühren. Die Cupcakes mit der noch warmen und streichfähigen Glasur überziehen. Mit einigen Mandelblättchen dekorieren.

2

3

4

Cupcakes mit Schwips

Ergibt 12 Stück

Vorbereitung: 25 Min. plus Abkühlzeit

Garzeit: 18–20 Min.

Zutaten

90 ml Sojamilch

1 TL veganer Apfelessig

25 g feiner Zucker

50 ml Rapsöl

2–3 Tropfen Vanilleextrakt

90 ml veganer Rosésekt

125 g Mehl

½ TL Natron

½ TL Backpulver

½ TL Salz

1 EL in kleine Stücke geschnittene, gefriergetrocknete Erdbeeren

Creme und Dekorierung

50 g vegane Margarine

50 g Pflanzenfett

650 g Puderzucker

50 ml veganer Rosésekt

1 EL Erdbeerkonfitüre

in kleine Stücke geschnittene, gefriergetrocknete Erdbeeren, zum Dekorieren

Zubereitung

1 Den Backofen auf 180 °C vorheizen. Eine 12er-Muffinform mit Papierbackförmchen auslegen.

2 Die Sojamilch in einem Messbecher mit dem Essig verrühren und einige Minuten zum Gerinnen stehen lassen.

3 Zucker, Öl und Vanilleextrakt in einer großen Schüssel cremig rühren. Sojamilchmischung und Sekt zugießen und alles sorgfältig verrühren. Mehl, Natron, Backpulver und Salz sorgfältig einarbeiten. Die Erdbeerstückchen unterheben.

4 Den Teig in die vorbereiteten Förmchen füllen und im vorgeheizten Ofen 18–20 Minuten goldbraun backen. Die Cupcakes auf ein Kuchengitter heben und vollständig abkühlen lassen.

5 Für die Creme Margarine, Pflanzenfett und 500 g Puderzucker cremig rühren. Sekt und Konfitüre gründlich einarbeiten. Falls die Masse noch nicht die richtige Konsistenz hat, so viel Puderzucker unterrühren, bis die Creme streichfähig ist. Mit einem Spritzbeutel oder einem Löffel auf die Cupcakes geben. Mit Erdbeerstückchen dekorieren.

2

3

5

Brownies mit weißer Schokolade

Ergibt 12 Stück | Vorbereitung: 20 Min. plus Abkühlzeit | Garzeit: 30 Min.

Zutaten

85 g sehr fester Seidentofu
50 ml Sojamilch
50 ml Rapsöl
100 g brauner Zucker
100 g feiner Zucker
5 Tropfen Vanilleextrakt
225 g Mehl
½ TL Xanthan
½ TL Backpulver
½ TL Natron
¼ TL Salz
100 g vegane weiße Schokolade, gehackt

Zubereitung

1 Den Backofen auf 160 °C vorheizen. Eine quadratische Backform (24 cm x 24 cm) so mit Backpapier auskleiden, dass es an den Rändern übersteht.

2 Tofu, Milch und Öl im Mixer zu einer glatten Masse verarbeiten und in eine Schüssel umfüllen.

3 Beide Zuckersorten und Vanilleextrakt mit einem Holzlöffel unterrühren. Mehl, Xanthan, Backpulver, Natron und Salz einarbeiten. Die Schokolade unterziehen.

4 Den Teig in die Form füllen und glatt streichen. Auf mittlerer Schiene im Ofen 30 Minuten backen. Der Teig wird beim Auskühlen noch fester. Den Kuchen 10 Minuten in der Form abkühlen lassen, dann mit dem Backpapier auf ein Kuchengitter heben und vollständig abkühlen lassen. In Stücke schneiden.

Brownies mit Macadamianüssen

Ergibt 9 Stücke

Vorbereitung: 25 Min. plus Quellzeit

Garzeit: 30 Min.

Zutaten

2 EL gemahlene Leinsamen
225 g Mehl
1 TL Xanthan
¼ TL Natron
50 g Kakaopulver
275 g brauner Zucker
30 g vegane Bitterschokolade
10 Tropfen Vanilleextrakt
½ TL veganes Glycerin
85 g vegane Margarine, zerlassen, plus etwas mehr zum Einfetten
40 g Macadamianüsse, grob gehackt

Zubereitung

1 Den Backofen auf 180 °C vorheizen. Eine quadratische Backform (20 cm x 20 cm) so mit Backpapier auskleiden, dass es am Rand etwas übersteht.

2 Die gemahlenen Leinsamen in einer Schale mit 3 Esslöffeln Wasser verrühren und 10 Minuten quellen lassen.

3 Mehl, Xanthan, Natron und Kakao in eine große Schüssel sieben. Den Zucker sorgfältig untermischen.

4 Die Schokolade in kleine Stücke brechen und mit 4 Esslöffeln kochendem Wasser in eine hitzebeständige Schüssel geben. Rühren, bis die Schokolade geschmolzen ist.

5 Leinsamen, Schokolade, Vanilleextrakt, Glycerin, Margarine und Nüsse zu den Trockenzutaten geben. Von Hand zu einem weichen Teig verarbeiten und in die vorbereitete Form drücken.

6 Im vorgeheizten Ofen 30 Minuten backen, bis die Ränder trocken sind. In der Mitte darf der Teig noch weich sein. Mithilfe des Backpapiers aus der Form heben und auf einem Kuchengitter 10 Minuten abkühlen lassen. Das Backpapier vorsichtig abziehen und den Kuchen in neun gleich große Stücke schneiden. Vollständig abkühlen lassen.

Bananen-Schoko-Eis

Für 4 Portionen

Vorbereitung: 10 Min. plus Gefrierzeit

Garzeit: keine

Zutaten

3 Bananen (300 g)

3 EL Kakaopulver

1 EL Agavendicksaft

Zubereitung

1 Die Bananen schälen und in 2 cm dicke Scheiben schneiden. In einen Gefrierbeutel füllen und 3 Stunden tiefkühlen.

2 Die Bananen aus dem Tiefkühlfach nehmen und mit Kakaopulver und Agavendicksaft in eine Küchenmaschine oder einen Mixer füllen. Glatt mixen und sofort servieren. Für ein festeres Eis nochmals tiefkühlen.

Eiscreme-Häppchen

Ergibt 12 Stück

Vorbereitung: 25 Min. plus Gefrierzeit

Garzeit: 15–20 Min.

Zutaten

115 g Reismehl, plus etwas mehr zum Bestäuben

55 g Kakaopulver

½ TL Backpulver

1 Prise Salz

225 g entsteinte Datteln, gehackt

5 Tropfen Vanilleextrakt

2 EL Nussmus

5–6 EL Mandel- oder Haselnussmilch

100–175 ml vegane Eiscreme, zum Servieren

Zubereitung

1 Den Backofen auf 150 °C vorheizen. Ein Backblech mit Backpapier belegen.

2 Reismehl, Kakao, Backpulver und Salz in eine große Schüssel sieben und mit einem Holzlöffel mischen.

3 Datteln, Vanilleextrakt, Nussmus und 3 Esslöffel Mandel- oder Haselnussmilch im Mixer glatt pürieren.

4 Die Dattelpaste in die Trockenzutaten rühren und nach und nach so viel von der restlichen Mandel- oder Haselnussmilch einarbeiten, dass ein weicher, nicht klebriger Teig entsteht.

5 Den Teig auf einer leicht bemehlten Arbeitsfläche 3 mm dick ausrollen. Mit einer runden, gewellten Ausstechform (6 cm Ø) insgesamt 24 Plätzchen ausstechen. Dabei den Teig immer wieder zusammenkneten und neu ausrollen.

6 Die Plätzchen auf das vorbereitete Backblech legen und im vorgeheizten Ofen 15–20 Minuten backen. Einige Minuten auf dem Blech abkühlen lassen, dann auf ein Kuchengitter heben und vollständig abkühlen lassen.

7 Die Eiscreme aus dem Gefrierfach nehmen und antauen lassen, bis sie streichfähig, aber nicht flüssig ist. Die Plätzchen rasch mit je 2–3 Teelöffeln Eiscreme zusammensetzen und auf einen großen Teller setzen. Im Gefrierfach mindestens 1 Stunde vor dem Servieren fest werden lassen.

Schoko-Orangen-Cake Pops

Ergibt 24 Stück

Vorbereitung: 20 Min. plus Kühlzeit

Garzeit: 30 Min.

Zutaten

1 Rezept Brownieteig (s. S. 195), ohne Macadamianüsse angerührt

25 g vegane Margarine

25 g Pflanzenfett

225 g Puderzucker

50 g Sojasahne

24 Lollistiele

Glasur und Dekorierung

250 g Puderzucker

Saft und fein abgeriebene Schale von 1 großen Bio-Orange

Zesten von 1 großen Bio-Orange

Zubereitung

1 Die Brownies nach Rezept auf Seite 195 zubereiten, dabei die Macadamianüsse im Teig weglassen. Vollständig abkühlen lassen, dann in eine große Schüssel krümeln.

2 Für die Creme Margarine und Pflanzenfett mit einem Holzlöffel cremig rühren. Puderzucker und so viel Sojasahne einarbeiten, dass eine dicke, streichfähige Masse entsteht.

3 Nach und nach die Masse von Hand in die Kuchenkrümel einarbeiten, bis sie gebunden sind und die Masse sich formen lässt. Die Schüssel mit Frischhaltefolie abdecken und 30 Minuten im Kühlschrank ruhen lassen.

4 Ein kleines Backblech oder großes Kunststoff-Schneidebrett mit Backpapier belegen. Die Kuchenmasse zu 24 kleinen Kugeln formen und auf das Backblech oder Schneidebrett setzen. Die Lollistiele in die Kugeln stecken. Die Lollis auf dem Blech oder Brett 30 Minuten ins Gefrierfach geben, damit sie fest werden.

5 Für die Glasur Puderzucker und Orangenschale mit so viel Orangensaft verrühren, dass eine dickflüssige Masse entsteht. Die Lollis in die Glasur tauchen und abtropfen lassen. Mit einigen Orangenzesten bestreuen, kopfüber in eine mit Zucker gefüllte Schüssel stecken und im Gefrierfach etwa 20 Minuten fest werden lassen.

Schoko-Kokos-Cake Pops

Ergibt 24 Stück

Vorbereitung: 20 Min. plus Kühlzeit

Garzeit: 30 Min.

Zutaten

1 Rezept Brownieteig (s. S. 195), ohne Macadamianüsse angerührt

25 g vegane Margarine

25 g Pflanzenfett

225 g Puderzucker

50 g Sojasahne

24 Lollistiele

Glasur und Dekorierung

175 g vegane Bitterschokolade, in Stücken

55 g Kokosraspel

Zubereitung

1 Die Brownies nach Rezept auf Seite 195 zubereiten, dabei die Macadamianüsse weglassen. Vollständig abkühlen lassen, dann in eine große Schüssel krümeln.

2 Margarine und Pflanzenfett mit einem Holzlöffel cremig rühren. Puderzucker und so viel Sojasahne einarbeiten, dass eine dicke, streichfähige Masse entsteht.

3 Nach und nach die Masse von Hand in die Kuchenkrümel einarbeiten, bis sie gebunden sind und die Masse sich formen lässt. Die Schüssel mit Frischhaltefolie abdecken und 30 Minuten im Kühlschrank ruhen lassen.

4 Ein kleines Backblech oder großes Kunststoff-Schneidebrett mit Backpapier belegen. Die Kuchenmasse zu 24 kleinen Kugeln formen und auf das Backblech oder Schneidebrett setzen. Die Lollistiele in die Kugeln stecken. Die Lollis auf dem Blech oder Brett 30 Minuten ins Gefrierfach stellen, damit sie fest werden.

5 Für die Glasur die Schokolade in der Mikrowelle oder in einer hitzebeständigen Schüssel über einem Wasserbad schmelzen. Die Kokosraspel auf einen Teller geben. Die Lollis erst in die flüssige Schokolade tauchen und abtropfen lassen, dann in den Kokosraspeln wenden. Die Lollis kopfüber in eine mit Zucker gefüllte Schüssel stecken und im Gefrierfach etwa 20 Minuten fest werden lassen.

Sekt-Sorbet

Für 4 Portionen

Vorbereitung: 20 Min.
plus Gefrierzeit

Garzeit: 10 Min.

Zutaten

150 g Zucker

1 Streifen dünn abgeschnittene Bio-Zitronenschale

Saft von 1 Zitrone

350 ml veganer Sekt

Weintrauben und frische Minzeblätter, zum Dekorieren

Zubereitung

1 Zucker, 150 ml Wasser und Zitronenschale in einen Topf geben. Auf niedriger Stufe unter Rühren erhitzen, bis der Zucker aufgelöst ist. Dann 2–3 Minuten einköcheln und um die Hälfte reduzieren. Abkühlen lassen und die Zitronenschale entfernen.

2 Den entstandenen Sirup mit Zitronensaft und Sekt verrühren und in einer Eismaschine nach Herstellerangaben verarbeiten. Alternativ die abgekühlte Masse in einen flachen Gefrierbehälter füllen und ohne Deckel ins Tiefkühlfach stellen. Einmal pro Stunde umrühren, bis das Sorbet gefroren ist.

3 Das fertige Sorbet bei Zimmertemperatur leicht antauen lassen und in Serviergläser füllen. Mit Trauben und Minze dekorieren.

Dattel-Pistazien-Küchlein

Ergibt 4 Stück Vorbereitung: 15 Min. Garzeit: 40 Min.

Zutaten

Teig

70 g vegane Margarine, plus etwas mehr zum Einfetten

50 ml Ahornsirup

55 g Mehl

½ TL Backpulver

70 g gemahlene Mandeln

2–3 Tropfen Vanilleextrakt

warmer Ahornsirup, zum Servieren

Belag

55 g geschälte Pistazienkerne, fein gehackt

100 g entsteinte Datteln, fein gehackt

30 g vegane Margarine

Zubereitung

1 Den Backofen auf 150 °C vorheizen. Vier Ramequinförmchen einfetten und mit Backpapier auskleiden.

2 Für den Belag Pistazien und Datteln in einer kleinen Schüssel sorgfältig mit der Margarine mischen. In die Förmchen füllen.

3 Für den Teig Margarine und Ahornsirup in einer Schüssel mit einem Holzlöffel cremig rühren. Mehl, Backpulver, Mandeln und Vanilleextrakt sorgfältig einarbeiten. Den Teig ebenfalls in die Förmchen füllen.

4 Die Förmchen auf ein Backblech setzen und die Küchlein im vorgeheizten Ofen 40 Minuten goldbraun backen. Auf Servierteller stürzen. Mit erwärmtem Ahornsirup beträufeln und servieren.

Rhabarber-Pflaumen-Crumble

Für 4 Portionen

Vorbereitung: 20 Min. plus Ruhezeit

Garzeit: 45 Min.

Zutaten

300 g Rhabarber, in 3-cm-Stücke geschnitten

100 g Zucker

450 g reife Pflaumen, halbiert und entsteint

½ TL Zimt

Streusel

50 g gehackte Haselnüsse

85 g vegane Margarine

140 g Mehl

50 g Zucker

Zubereitung

1 Den Backofen auf 190 °C vorheizen.

2 Den Rhabarber und 60 g des Zuckers in einen Topf füllen. Abgedeckt auf niedriger Stufe 5–8 Minuten garen.

3 Den Rhabarber in eine quadratische Auflaufform mit 20 cm Seitenlänge füllen und mit den Pflaumen belegen. Mit dem restlichen Zucker bestreuen und mit dem Zimt bestäuben.

4 Für die Streusel die Haselnüsse in einer trockenen Pfanne auf hoher Stufe 5 Minuten braun rösten.

5 In einer großen Rührschüssel die Margarine ins Mehl reiben, bis große Streusel entstehen, dann Zucker und geröstete Nüsse einkneten. Das Obst mit den Streuseln bedecken und 25–30 Minuten im Ofen backen, bis die Streusel goldbraun geworden sind. Vor dem Servieren 5 Minuten ruhen lassen.

SÜSSES FÜR DIE KAFFEETAFEL

Schoko-Bananen-Kuchen

Ergibt 8–10 Stücke

Vorbereitung: 25 Min. plus Abkühlzeit

Garzeit: 45–50 Min.

Zutaten

vegane Margarine, zum Einfetten
250 g Mehl
3½ TL Backpulver
1 TL Natron
150 g brauner Zucker
85 g vegane Bitterschokolade, grob gehackt
85 g abgezogene Mandeln, grob gehackt
3 reife Bananen, zerdrückt
225 ml Mandelmilch
100 ml Rapsöl
5 Tropfen Bittermandelöl

Zubereitung

1 Den Backofen auf 180 °C vorheizen. Eine Kastenform (1 Liter Volumen) einfetten und den Boden mit Backpapier auslegen.

2 Mehl, Backpulver und Natron in eine große Schüssel sieben und den Zucker untermischen.

3 Schokolade und Mandeln unterziehen.

4 Bananen, Mandelmilch, Rapsöl und Mandelöl zu den Trockenzutaten geben und alles mit einem Holzlöffel zu einem glatten Teig verarbeiten.

5 Den Teig in die vorbereitete Form füllen und glatt streichen. Im vorgeheizten Ofen 45–50 Minuten backen. Zur Probe einen Holzspieß in die Mitte stecken; er sollte sauber und trocken wieder herauskommen. Den Kuchen 15 Minuten in der Form abkühlen lassen. Dann auf ein Kuchengitter stürzen und vollständig abkühlen lassen.

2

4

5

Ahorn-Pistazien-Kranz

Ergibt 8–12 Stücke

Vorbereitung: 20 Min. plus Abkühlzeit

Garzeit: 30–35 Min.

Zutaten

300 g Mehl

175 g Zucker

4½ TL Backpulver

85 g Pistazienkerne

300 ml Sojamilch

125 ml Rapsöl, plus etwas mehr zum Einfetten

3 EL Ahornsirup, plus etwas mehr zum Beträufeln

5 Tropfen Vanilleextrakt

Zubereitung

1. Den Backofen auf 180 °C vorheizen. Eine Bundform (24 cm Ø) sorgfältig einfetten.
2. Mehl, Zucker und Backpulver in einer großen Schüssel mischen. Ein Drittel der Pistazien fein hacken und zum Dekorieren beiseitestellen. Die restlichen Pistazien grob hacken und unter die Trockenzutaten mischen.
3. Sojamilch, Öl, Ahornsirup und Vanilleextrakt in einem Messbecher gründlich verquirlen.
4. Die Sojamilchmischung zu den Trockenzutaten gießen und alles rasch mit einem Holzlöffel zu einem groben Teig verarbeiten. Den Teig in die vorbereitete Form füllen und glatt streichen. Im vorgeheizten Ofen 30–35 Minuten goldbraun backen. Den Kuchen 10 Minuten in der Form abkühlen lassen, dann auf ein Kuchengitter stürzen und vollständig abkühlen lassen.
5. Den Kuchen auf eine Servierplatte heben. Mit Ahornsirup beträufeln und mit den beiseitegestellten Pistazien bestreuen.

2

3

4

Geeiste Ingwertorte

Ergibt 12 Stücke

Vorbereitung: 25 Min. plus Kühlzeit

Garzeit: keine

Zutaten

300 g vegane Ingwer- oder Erdnussplätzchen

2 EL Kokosöl

2 EL Ahornsirup

1 EL Sirup aus einem Glas Ingwerpflaumen

100 g veganer Schoko-Nuss-Aufstrich

750 ml vegane Vanilleeiscreme

30 g Ingwerpflaumen, fein gehackt

Zubereitung

1 Die Plätzchen im Mixer fein krümelig mahlen. Alternativ in einen Gefrierbeutel geben und mit der Teigrolle bearbeiten. Etwa 3 Esslöffel Plätzchenkrümel für den Belag beiseitelegen.

2 Die restlichen Krümel mit Kokosöl, Ahorn- und Ingwersirup in einer großen Schüssel mit einem Holzlöffel sorgfältig vermengen.

3 Die Masse in eine Springform (20 cm Ø) geben und mit den Fingern andrücken.

4 Den Schoko-Nuss-Aufstrich in der Mikrowelle oder über einem Wasserbad leicht erwärmen, damit er streichfähiger wird. Vorsichtig mit einem Löffelrücken oder Teigschaber auf dem Krümelboden verstreichen.

5 Den Teigboden mindestens 1 Stunde im Kühlschrank fest werden lassen.

6 Die Eiscreme etwa 15 Minuten bei Zimmertemperatur antauen lassen, bis sie streichfähig, aber noch nicht flüssig ist. In eine Schüssel geben und die Ingwerstückchen unterziehen.

7 Die Eiscreme auf den Teigboden geben und glatt streichen. Mit den beiseitegelegten Plätzchenkrümeln bestreuen. Im Gefrierfach mindestens 1 Stunde fest werden lassen. Aus der Form lösen und einige Minuten antauen lassen. In Stücke schneiden und servieren.

Käsekuchen mit Mango

Ergibt 8 Stücke

Vorbereitung: 20 Min. plus Kühlzeit

Garzeit: 35–45 Min.

Zutaten

70 g vegane Margarine, plus etwas mehr zum Einfetten

175 g vegane Plätzchen, zerkrümelt

40 g gemahlene Mandeln

Füllung

Fruchtfleisch von 1 großen Mango, gewürfelt

Saft von 1 Bio-Zitrone

200 g Sojajoghurt

3 EL Ahornsirup

450 g veganer Frischkäse

Belag

3 EL Ahornsirup

Fruchtfleisch von 1 kleinen Mango, in Scheiben

Zubereitung

1 Den Backofen auf 180 °C vorheizen. Eine Springform (24 cm Ø) sorgfältig einfetten.

2 Für den Teigboden die Margarine in einem Topf zerlassen. Plätzchenkrümel und Mandeln mit einem Holzlöffel einarbeiten. Die Masse in die vorbereitete Form drücken. Im vorgeheizten Ofen 10 Minuten backen.

3 Inzwischen für die Füllung alle Zutaten im Mixer zu einer glatten Masse verarbeiten. Auf den Boden geben und glatt streichen.

4 Im Ofen 25–30 Minuten backen, bis die Käsemasse fest ist. In der Form abkühlen lassen, dann auf ein Kuchengitter heben und 30 Minuten kalt stellen.

5 Für den Belag den Ahornsirup in einem Topf erhitzen. Die Füllung mit einer dünnen Sirupschicht bestreichen. Die Mangoscheiben in den Topf geben und mit dem restlichen Sirup 1 Minute unter Rühren erhitzen. Etwas abkühlen lassen, dann die Mangoscheiben auf dem Kuchen anrichten. Vor dem Servieren mit dem restlichen Sirup überziehen.

Schokoladentorte mit Himbeeren

Ergibt 12 Stücke

Vorbereitung: 20 Min. plus Abkühlzeit

Garzeit: 55 Min.

Zutaten

vegane Margarine, zum Einfetten
300 g Mehl
50 g Kakaopulver
½ TL Xanthan
1 TL Backpulver
1 TL Natron
½ TL Salz
300 g Zucker
375 ml Sojamilch
125 ml Rapsöl
7 EL Himbeergelee
5 Tropfen Vanilleextrakt

Glasur

45 ml Sojamilch
85 g vegane Bitterschokolade, in kleinen Stücken
60 g Puderzucker
1 EL Ahornsirup
frische Himbeeren, zum Dekorieren

Zubereitung

1 Den Backofen auf 180 °C vorheizen. Eine Springform (24 cm Ø) einfetten und mit Backpapier auskleiden.

2 Mehl, Kakao, Xanthan, Backpulver und Natron in eine große Schüssel sieben. Salz und Zucker untermischen. Sojamilch, Öl, Gelee und Vanilleextrakt in einen Topf geben und bei mittlerer Hitze glatt rühren. Zu den Trockenzutaten gießen und alles zu einem glatten Teig verarbeiten.

3 Den Teig in die vorbereitete Form füllen und im vorgeheizten Ofen 45 Minuten backen. Zur Probe einen Holzspieß in die Mitte stechen; er sollte trocken und sauber wieder herauskommen. Die Torte auf ein Kuchengitter stürzen und vollständig abkühlen lassen.

4 Für die Glasur die Sojamilch in einem Topf bei mittlerer Hitze zum Kochen bringen. Die Schokolade zugeben und unter Rühren schmelzen. Den Topf vom Herd nehmen, dann Puderzucker und Ahornsirup unterrühren. Die Glasur abkühlen lassen. Die Torte mithilfe eines Palettenmessers mit der Schokoladenglasur überziehen. Mit den frischen Himbeeren dekorieren und servieren.

Schokotorte mit Erdbeercreme

Ergibt 8–12 Stücke Vorbereitung: 30 Min. Garzeit: 25–30 Min.

Zutaten

140 g rohe Rote Beten
175 g Himbeeren
veganer Ersatz für 4 Eier
225 ml Sojamilch
2 EL veganer Apfelessig
280 g Mehl
3 EL Kakaopulver
1 TL Xanthan
4¾ TL Backpulver
1 TL Weinsteinbackpulver
175 g vegane Margarine, plus etwas mehr zum Einfetten
450 g feiner Zucker
5 Tropfen Vanilleextrakt

Erbeercreme

25 g vegane Margarine
25 g Pflanzenfett
55 g veganer Frischkäse
375 g Puderzucker, plus etwas mehr zum Bestäuben
5 Tropfen Vanilleextrakt
2–3 EL Sojamilch
2 EL in kleine Stücke geschnittene, gefriergetrocknete Erdbeeren
150 g frische Erdbeeren

Zubereitung

1 Die Roten Beten schälen und fein reiben. Mit den Himbeeren im Mixer glatt pürieren.

2 Den Backofen auf 180 °C vorheizen. Zwei Springformen (20 cm Ø) einfetten und mit Backpapier auskleiden. Den Ei-Ersatz nach Packungsangaben in einer Schale zubereiten und 1 Minute mit einer Gabel aufschlagen, bis er Blasen wirft.

3 Die Sojamilch mit dem Essig in einem Messbecher verrühren und einige Minuten gerinnen lassen. Mehl, Kakao, Xanthan, Backpulver und Weinstein in einer großen Schüssel mit einem Holzlöffel mischen. In einer zweiten Schüssel Margarine und Zucker cremig rühren. Ei-Ersatz und Vanilleextrakt einarbeiten.

4 Sojamilchmischung und Margarinemasse zu den Trockenzutaten geben und sorgfältig einarbeiten. Das Beten-Himbeer-Püree mit dem Holzlöffel gut unterziehen.

5 Den Teig zu gleichen Teilen in die Formen füllen und glatt streichen. Im Ofen 25–30 Minuten backen.

6 Für die Füllung Margarine, Pflanzenfett, Frischkäse, Puderzucker und Vanilleextrakt mit einem Handmixer cremig rühren. Falls nötig, etwas Sojamilch zufügen. Die gefriergetrockneten Erdbeerstückchen unterziehen.

7 Einen Teigboden mit der Creme bestreichen. Die frischen Erdbeeren halbieren und auf der Cremeschicht verteilen. Den zweiten Teigboden aufsetzen und leicht andrücken. Vor dem Servieren mit Puderzucker bestäuben.

Aprikosen-Rosinen-Riegel

Ergibt 12 Riegel

Vorbereitung: 20 Min. plus Abkühlzeit

Garzeit: 35–45 Min.

Zutaten

350 g getrocknete Aprikosen

2 EL Sonnenblumenöl, plus etwas mehr zum Einfetten

fein abgeriebene Schale von ½ Bio-Orange

Samen von 5 Kardamomkapseln, zerdrückt (nach Belieben)

140 g Rosinen

115 g Haferflocken

Zubereitung

1 Die Aprikosen in einen Topf geben und knapp mit Wasser bedecken. Bei mittlerer Hitze 5 Minuten köcheln, bis sie ganz weich sind. Abtropfen lassen.

2 Die Aprikosen mit dem Öl in einem Mixer pürieren. Das Püree in eine Schüssel füllen und mit Orangenschale und, falls verwendet, Kardamom mischen. Abkühlen lassen.

3 Den Backofen auf 180 °C vorheizen. Eine quadratische Backform (20 cm x 20 cm) einfetten.

4 Rosinen und Haferflocken unter das Aprikosenpüree ziehen. Die Masse in die vorbereitete Form füllen und glatt streichen. Im vorgeheizten Ofen 35–40 Minuten backen. Nach etwa 25 Minuten mit Alufolie abdecken.

5 Etwa 15 Minuten in der Form abkühlen lassen. Dann auf ein Kuchengitter heben und vollständig abkühlen lassen. In zwölf Riegel schneiden.

Apfel-Zimt-Pie

Ergibt 8 Stücke

Vorbereitung: 35 Min. plus Abkühlzeit

Garzeit: 40 Min.

Zutaten

Teig

60 g Pflanzenfett

15 g vegane Margarine

225 g Mehl, plus etwas mehr zum Bestäuben

1 EL Backpulver

1 Prise Salz

Sojamilch, zum Bestreichen

feiner Zucker, zum Bestreuen

Füllung

1 kg Kochäpfel, geschält, entkernt und in Scheiben

150 g feiner Zucker

2 TL Speisestärke

1 EL gemahlener Zimt

Zubereitung

1 Für den Teig Pflanzenfett und Margarine in einer großen Schüssel mit 100 ml kochendem Wasser übergießen und mit einem Holzlöffel cremig rühren. Mehl, Backpulver und Salz einarbeiten. Den Teig auf einer leicht bemehlten Arbeitsfläche zu einer Kugel formen und 5 Minuten abkühlen lassen. Auf einem Stück Frischhaltefolie zu einem Kreis ausrollen, der etwas größer ist als der Durchmesser der Pieform (24 cm Ø).

2 Den Backofen auf 180 °C vorheizen.

3 Die Äpfel mit Zucker, Speisestärke, Zimt und 3 Esslöffeln Wasser in einen großen Topf geben und 5–10 Minuten bei kleiner Hitze dünsten, bis sie weich werden und die Flüssigkeit etwas eingedickt ist. Abkühlen lassen.

4 Die Äpfel in die Form füllen. Den Teigkreis mithilfe der Frischhaltefolie darauflegen und am Rand gut andrücken. Überstehenden Teig abschneiden. Die Teigreste erneut ausrollen und dekorative Formen wie Blätter ausschneiden. Die Formen auf dem Teigdeckel anordnen und den Teigrand dekorativ eindrücken.

5 Den Teigdeckel mit Sojamilch bestreichen und mit etwas Zucker bestreuen. Im vorgeheizten Ofen 30 Minuten goldbraun backen. Warm oder kalt servieren.

Birnenkuchen mit Pekannüssen

Ergibt 12 Stücke

Vorbereitung: 30 Min. plus Abkühlzeit

Garzeit: $1\frac{1}{4}$ Std.

Zutaten

vegane Margarine, zum Einfetten
100 g Pekannusskerne
200 g Mehl
115 g Zucker
3 TL Backpulver
200 ml Sojamilch
75 ml Rapsöl
2 EL Ahornsirup
5 Tropfen Vanilleextrakt

Belag

2 ungewachste Birnen, halbiert, entkernt und in Spalten
25 g feiner Zucker
Saft von ½ Bio-Zitrone
25 g vegane Margarine
25 g Pekannusshälften

Zubereitung

1 Den Backofen auf 180 °C vorheizen. Eine Springform (24 cm Ø) sorgfältig einfetten.

2 Die Hälfte der Pekannüsse sehr fein hacken. In der Kuchenform durch Schwenken und Klopfen auf Boden und Rand der Form verteilen. Überschüssige Nüsse auf einen Teller klopfen.

3 Mehl, Zucker und Backpulver in einer großen Schüssel mischen. Die restlichen Pekannüsse grob hacken und zusammen mit den überschüssigen Nüssen unter die Trockenzutaten mischen.

4 Die Sojamilch in einem Messbecher mit Öl, Ahornsirup und Vanilleextrakt gut verrühren.

5 Die Sojamilchmischung zu den Trockenzutaten gießen und alles rasch mit einem Holzlöffel zu einem groben Teig verarbeiten. Den Teig in die vorbereitete Form füllen und glatt streichen. Im Ofen 35–40 Minuten goldbraun backen. Den Kuchen 10 Minuten in der Form abkühlen lassen. Dann auf ein Kuchengitter stürzen und weiter abkühlen lassen. Den Ofen nicht ausschalten.

6 Für den Belag die Birnenspalten in eine große Auflaufform geben. Mit dem Zucker bestreuen und mit dem Zitronensaft beträufeln. Die Margarine stückchenweise darüber verteilen. Etwa 30 Minuten im Ofen garen, dabei alle 10 Minuten mit dem Saft bestreichen. Abkühlen lassen.

7 Die Birnenspalten überlappend auf dem Kuchen anrichten. Mit den Pekannusshälften dekorieren.

Zitronenschnitten

Ergibt 12 Schnitten

Vorbereitung: 30 Min. plus Abkühlzeit

Garzeit: 25 Min.

Zutaten

125 g vegane Margarine

85 g feiner Zucker

je 100 g Reismehl und Speisestärke

Füllung

veganer Ersatz für 3 Eier

115 g vegane Margarine

115 g feiner Zucker

5 Tropfen Vanilleextrakt

2 EL Mehl

85 g gemahlene Mandeln

Zitronencreme

1 TL Speisestärke

Saft von ½ Bio-Zitrone

35 g vegane Margarine

40 g feiner Zucker

Zubereitung

1 Den Backofen auf 180 °C vorheizen. Eine eckige Backform (25 cm x 18 cm) mit Backpapier auskleiden.

2 Für den Teig alle Zutaten in eine große Schüssel geben und mit dem Handmixer zu einem glatten Teig verarbeiten. Alternativ Margarine und Zucker mit einer Gabel cremig rühren. Reismehl und Speisestärke mit einem Holzlöffel einarbeiten. Den Teig in die vorbereitete Form drücken.

3 Für die Füllung den Ei-Ersatz in einer Schale nach Packungsangaben zubereiten und mit einer Gabel aufschlagen, bis er Blasen wirft. Margarine, Zucker, Ei-Ersatz und Vanilleextrakt in einer großen Schüssel mit dem Holzlöffel cremig rühren. Mehl und Mandeln einarbeiten. Auf dem Teigboden verstreichen.

4 Für die Zitronencreme die Speisestärke in einer Schale mit etwas Zitronensaft anrühren. Den restlichen Zitronensaft mit Margarine und Zucker in einen Topf geben und unter Rühren sanft erhitzen, bis die Margarine zerlassen ist und der Zucker sich aufgelöst hat. Die Speisestärkemischung einrühren und weitere 2–3 Minuten erhitzen, bis die Masse eingedickt ist. 6–8 Esslöffel Zitronencreme auf der Füllung verteilen und mithilfe eines Messers leicht einziehen.

5 Im vorgeheizten Ofen 25 Minuten backen, bis die Füllung luftig und goldgelb ist (die Zitronencreme wird erst beim Abkühlen fest). Das Gebäck in der Form abkühlen lassen. Mithilfe des Backpapiers aus der Form heben und in Riegel schneiden.

Kokoskonfekt

Ergibt 20 Stück | Vorbereitung: 10 Min. plus Kühlzeit | Garzeit: 20 Min.

Zutaten

225 ml Kokoscreme

250 g feiner Zucker

300 g Kokosraspel

1 TL gemahlener Kardamom

¼ TL Rote-Bete-Pulver

Zubereitung

1 Eine quadratische Backform (18 cm x 18 cm) mit Frischhaltefolie auskleiden und diese glatt streichen.

2 Kokoscreme und Zucker in einen großen Topf geben und sanft erhitzen, bis sich der Zucker aufgelöst hat. Dann unter ständigem Rühren 20 Minuten köcheln lassen, bis ein dicker Sirup entstanden ist. Die Temperatur sollte auf einem Zuckerthermometer etwa 104 °C erreichen. Falls Sie kein Zuckerthermometer haben, etwas Sirup auf einen kalten Teller tropfen und 1 Minute abkühlen lassen; sollte die Oberfläche Falten werfen, wenn man einen Finger durchzieht, ist die Masse fertig.

3 Koksraspel und Kardamom mit einem Holzlöffel sorgfältig unterrühren. Die Hälfte der Masse in die vorbereitete Form füllen und sehr gut andrücken. Das Rote-Bete-Pulver mit 2 Teelöffeln Wasser anrühren und in die restliche Kokosmasse einarbeiten, bis diese gleichmäßig eingefärbt ist. Auf der ersten Kokosschicht verteilen, andrücken und glatt streichen.

4 Das Konfekt mindestens 4 Stunden oder über Nacht im Kühlschrank fest werden lassen. Auf ein Schneidebrett stürzen, die Folie abziehen und in 20 Würfel schneiden.

Schokoladencreme-torte

Ergibt 8–12 Stücke

Vorbereitung: 25 Min. plus Abkühlzeit

Garzeit: 30 Min.

Zutaten

- 125 g vegane Bitterschokolade, in Stücken
- 125 g vegane Margarine, plus etwas mehr zum Einfetten
- 300 g feiner Zucker
- 1 TL veganes Glycerin
- 2–3 Tropfen Vanilleextrakt
- veganer Ersatz für 2 Eier
- 100 g Sojasahne
- 100 g Reismehl
- 100 g Mehl
- ½ TL Xanthan
- 1½ TL Backpulver
- ½ TL Natron

Schokoladencreme

- 150 g vegane Bitterschokolade, in Stücken
- 150 g Sojasahne
- 200 g Puderzucker, plus etwas mehr zum Bestäuben
- 100 g vegane Margarine

Zubereitung

1. Den Backofen auf 180 °C vorheizen. Zwei Springformen (20 cm Ø) einfetten und mit Backpapier auskleiden.
2. Die Schokolade in einer hitzebeständigen Schüssel über einem Wasserbad schmelzen. Etwas abkühlen lassen.
3. Margarine, Zucker, Glycerin und Vanilleextrakt in einer großen Schüssel cremig rühren. Den Ei-Ersatz nach Packungsangaben in einer Schale zubereiten und 1 Minute mit einer Gabel aufschlagen, bis er Blasen wirft. In die Schüssel geben und alles luftig und cremig rühren. Sojasahne und Schokolade unterrühren. Reismehl, Mehl, Xanthan, Backpulver und Natron unterziehen.
4. Den Teig zu gleichen Teilen in die Formen füllen und glatt streichen. Im Ofen 30 Minuten backen. Die Teigböden 30 Minuten in den Formen abkühlen lassen. Dann auf Kuchengitter stürzen und vollständig abkühlen lassen.
5. Für die Schokoladencreme die Schokolade mit der Sojasahne in einer hitzebeständigen Schüssel über einem Wasserbad schmelzen und glatt rühren. Etwas abkühlen lassen.
6. Puderzucker und Margarine in einer Schüssel cremig rühren. Die geschmolzene Schokolade 2–3 Minuten einarbeiten, bis eine cremige Masse entstanden ist.
7. Einen Teigboden mit der Schokoladencreme bestreichen und den zweiten Teigboden aufsetzen. Vor dem Servieren mit Puderzucker bestäuben.

Weiße Schoko-Tartelettes mit Himbeeren

Ergibt 6 Tartelettes

Vorbereitung: 20 Min. plus Kühlzeit

Garzeit: 20 Min.

Zutaten

Teig

veganer Ersatz für 2 Eier

150 g Mehl, plus etwas mehr zum Bestäuben

30 g Puderzucker

1½ TL Xanthan

1 Prise Salz

85 g vegane Margarine

Füllung

55 g vegane Margarine

40 g feiner Zucker

1 EL Speisestärke

325 ml Sojamilch

55 g vegane weiße Schokolade, in Stücken

5 Tropfen Vanilleextrakt

Zum Dekorieren

55 g frische Himbeeren

Puderzucker, zum Bestäuben (nach Belieben)

Zubereitung

1 Den Backofen auf 180 °C vorheizen.

2 Für den Teig den Ei-Ersatz in einer Schale nach Packungsangaben zubereiten und mit einer Gabel aufschlagen, bis er Blasen wirft. Mehl, Puderzucker, Xanthan und Salz in einer großen Schüssel mit einem Holzlöffel mischen. Die Margarine mit den Fingern hineinreiben. Den Ei-Ersatz zugeben und alles von Hand zu einem weichen Teig kneten.

3 Den Teig zu einer Kugel formen und auf einer leicht bemehlten Arbeitsfläche in sechs gleich große Portionen teilen. Diese zu 14–16 cm großen Kreisen ausrollen und damit sechs Tartelette-förmchen mit Hebeboden (10 cm Ø) auskleiden.

4 7–10 Minuten goldgelb backen. Vollständig abkühlen lassen.

5 Für die Füllung Margarine und Zucker in einem kleinen Topf unter Rühren sanft erhitzen, bis die Margarine zerlassen ist und der Zucker sich aufgelöst hat. In einer Schale die Speisestärke mit etwas Sojamilch anrühren. Schokolade und restliche Sojamilch in den Topf geben und unter Rühren sanft erhitzen, bis die Schokolade geschmolzen ist. Den Topf vom Herd nehmen und mit einem Schneebesen Speisestärkenmischung und Vanilleextrakt 1 Minute unterrühren, bis die Masse eindickt. Die Creme in die Tartelettförmchen füllen und abkühlen lassen. Dann im Kühlschrank 30 Minuten fest werden lassen.

6 Vor dem Servieren die Himbeeren halbieren und auf den Tartelettes anrichten. Nach Belieben mit Puderzucker bestäuben.

2

3

5

Pfeffer-Shortbread

Ergibt 12 Stück

Vorbereitung: 15 Min. plus Abkühlzeit

Garzeit: 15 Min.

Zutaten

85 g feiner Zucker

125 g vegane Margarine

100 g Reismehl

100 g Speisestärke

½ TL frisch gemahlener schwarzer Pfeffer

Zubereitung

1 Den Backofen auf 190 °C vorheizen. Eine eckige Backform (25 cm x 18 cm) mit Backpapier belegen.

2 Alle Zutaten in eine große Schüssel geben und mit einem Handmixer bei niedriger Geschwindigkeit zu einem glatten Teig verarbeiten. Alternativ Zucker und Margarine mit einer Gabel glatt rühren. Dann Reismehl, Speisestärke und Pfeffer zugeben und mit einem Holzlöffel zu einem Teig verarbeiten.

3 Den Teig in die vorbereitete Form drücken. Mit einem Messer zwölf gleich große Stücke in die Teigoberfläche einritzen. Mit einer Gabel ein dekoratives Muster in den Teig drücken.

4 Im vorgeheizten Ofen 15 Minuten goldgelb backen. Das noch warme Shortbread in der Form an den vor dem Backen markierten Linien in Stücke schneiden. Etwas abkühlen und fest werden lassen. Dann die Shortbread-Stücke auf ein Kuchengitter heben und vollständig abkühlen lassen.

2

3

4

HERZHAFTES GEBÄCK

Saatenbrot

Ergibt 1 Laib

Vorbereitung: 20 Min. plus Ruhezeit

Garzeit: 40–45 Min.

Zutaten

450 g braunes Brotmehl
½ TL Salz
2 TL Trockenbackhefe
2 EL brauner Zucker
1 El Kürbiskerne
1 EL Mohnsaat
1 EL Sonnenblumenkerne
veganer Ersatz für 2 Eier
350 ml Sojamilch, plus etwas mehr zum Bestreichen
1 TL veganer Apfelessig
90 ml Rapsöl, plus etwas mehr zum Einfetten

Zubereitung

1 Mehl, Salz, Hefe und Zucker in einer großen Schüssel mit einem Holzlöffel mischen. Die Saaten in einer Schale mischen und 1 Esslöffel zum Bestreuen beiseitestellen.

2 Den Ei-Ersatz nach Packungsangaben in einem Messbecher zubereiten und 1 Minute mit einer Gabel aufschlagen, bis er Blasen wirft. Sojamilch, Essig und Öl unterrühren.

3 Zusammen mit den Saaten zu den Trockenzutaten geben und alles mit dem Holzlöffel zu einem klebrigen Teig verarbeiten.

4 Den Teig in eine eingefettete Kastenform (1 Liter Volumen) geben und in die Ecken drücken. Die Oberfläche glatt streichen. Mit geölter Frischhaltefolie abdecken und an einem warmen Ort 1 Stunde gehen lassen.

5 Den Backofen auf 220 °C vorheizen.

6 Das Brot mit etwas Sojamilch bestreichen und mit den beiseitegestellten Saaten bestreuen. Im vorgeheizten Ofen 40–45 Minuten goldbraun backen. In der Form abkühlen lassen.

2

4

6

Käse-Schnittlauch-Brot

Ergibt 1 Laib

Vorbereitung: 20 Min. plus Abkühlzeit

Garzeit: 45–50 Min.

Zutaten

vegane Margarine, zum Einfetten
250 g helles Brotmehl
4 TL Backpulver
½ TL Xanthan
3 EL gemahlene Leinsamen
veganer Ersatz für 3 Eier
4 EL Kokosöl
300 ml Sojajoghurt
25 g frisch gehackter Schnittlauch
125 g veganer würziger Käse-Ersatz, gerieben

Zubereitung

1 Den Backofen auf 180 °C vorheizen. Eine Springform (18 cm Ø) einfetten und den Boden mit Backpapier auslegen.

2 Mehl und Backpulver in eine große Schüssel sieben. Xanthan und Leinsamen mit einem Holzlöffel untermischen.

3 Den Ei-Ersatz nach Packungsangaben in einer Schale zubereiten und 1 Minute mit einer Gabel aufschlagen, bis er Blasen wirft. Zusammen mit Kokosöl und Sojajoghurt zu den Trockenzutaten geben und sorgfältig einarbeiten.

4 Schnittlauch und Käse unterziehen. Den Teig in die vorbereitete Form füllen. Nach Belieben glatt streichen.

5 Im vorgeheizten Ofen 45–50 Minuten goldbraun backen. Zur Probe einen Holzspieß in die Mitte stechen; er sollte trocken und sauber wieder herauskommen. Das Brot 5 Minuten abkühlen lassen, dann aus der Form lösen und auf einem Kuchengitter vollständig abkühlen lassen.

Focaccia mit Tomaten & Rosmarin

Für 8 Portionen

Vorbereitung: 25 Min. plus Ruhezeit

Garzeit: 50 Min.

Zutaten

500 g Mehl (Type 550), plus etwas mehr zum Bestäuben

1 TL frisch gehackter Rosmarin, plus ein paar Blätter zum Bestreuen

½ TL Zucker

1 Tütchen Trockenhefe

2 TL Salz

5 EL natives Olivenöl extra, plus etwas mehr zum Einfetten

6 Kirschtomaten, halbiert

1 TL grobkörniges Salz

Pfeffer

Zubereitung

1. Mehl, Rosmarin, Zucker, Hefe und Salz in einer Schüssel mischen. 300 ml lauwarmes Wasser und 2 Esslöffel Olivenöl nach und nach einarbeiten, bis ein weicher Teig entsteht. Falls der Teig zu trocken erscheint, zusätzliches Wasser einarbeiten. Den Teig auf einer bemehlten Arbeitsfläche 10 Minuten kneten, bis er glatt und elastisch ist. Dann in eine eingefettete Schüssel geben, mit Frischhaltefolie abdecken und an einem warmen Ort 1 Stunde gehen lassen, bis sich das Volumen verdoppelt hat.

2. Unterdessen den Backofen auf 140°C vorheizen. Die Tomatenhälften auf ein mit Backpapier ausgelegtes Backblech geben, mit Olivenöl beträufeln und mit Salz und Pfeffer würzen. Im Ofen 30 Minuten backen, bis sie weich sind.

3. Die Ofenhitze auf 220°C erhöhen. Den Teig erneut durchkneten und in eine eingefettete Springform (mindestens 20 cm Ø) geben. Die Teigoberfläche mit den Fingern zwölfmal eindrücken und die Tomatenhälften in die Mulden drücken. 2 Esslöffel Olivenöl auf den Teig träufeln und das grobkörnige Salz, Pfeffer und Rosmarinblätter darüberstreuen. An einem warmen Ort 10 Minuten gehen lassen. Dann im Ofen 15–20 Minuten goldbraun backen. Mit dem restlichen Olivenöl beträufeln und etwas abkühlen lassen. Noch warm servieren.

Italienisches Kichererbsenbrot

Für 12 Portionen

Vorbereitung: 20 Min. plus Ruhezeit

Garzeit: 35–40 Min.

Zutaten

250 g Kichererbsenmehl

Salz und Pfeffer

4 EL natives Olivenöl extra

frische Rosmarinnadeln zum Garnieren

Zubereitung

1 Das Mehl in eine große Schüssel geben. Nach und nach 850 ml kaltes Wasser mit einem elektrischen Handrührgerät oder Schneebesen unterrühren, bis die Masse ganz glatt ist. Mit Salz und Pfeffer würzen. Den Teig 3 Stunden quellen lassen.

2 Den Backofen auf 180 °C vorheizen.

3 Das Öl durch Schwenken in einer eckigen Backform (33 cm x 23 cm) mit mindestens 1 cm hohem Rand verteilen.

4 Den Teig mit einem Holzlöffel kurz umrühren und in die vorbereitete Backform füllen. Die Rosmarinblätter darauf verteilen.

5 Im vorgeheizten Ofen 35–40 Minuten goldbraun backen. Etwa 5 Minuten abkühlen lassen, dann in zwölf Stücke schneiden.

1

4

4

Mexikanische Tortillas

Für 10 Stück

Vorbereitung: 20 Min. plus Ruhezeit

Garzeit: 1 Std.

Zutaten

10 g Trockenbackhefe

2 EL Sonnenblumenöl

400 g Mehl, plus etwas mehr zum Bestäuben

1½ TL Xanthan

2 EL frisch gehackter Koriander (nach Belieben)

½ TL Chiliflocken (nach Belieben)

Salz und Pfeffer

Zubereitung

1 Hefe, 400 ml lauwarmes Wasser und Öl in einer Schale verrühren und bei Zimmertemperatur etwa 20 Minuten quellen lassen, bis die Mischung Blasen wirft.

2 Mehl und Xanthan in eine große Schüssel sieben und eine Vertiefung in die Mitte drücken. Die Hefemischung hineingießen. Nach Belieben Koriander und Chili sowie Salz und Pfeffer zugeben. Alles zu einem klebrigen Teig verarbeiten.

3 Den Teig auf einer bemehlten Arbeitsfläche kräftig durchkneten. In zehn Portionen teilen und diese zu Kugeln formen.

4 Die Teigkugeln zu etwa 20 cm großen, dünnen Kreisen ausrollen.

5 Eine große Pfanne bei mittlerer Hitze auf den Herd setzen. Die Tortillas darin nacheinander 2–3 Minuten backen, bis der Teig Blasen wirft und zu bräunen beginnt. Wenden und weitere 2–3 Minuten backen. Warm oder kalt mit einer Füllung nach Wahl servieren.

Fladenbrot mit Zwiebeln & Rosmarin

Ergibt 1 Fladenbrot

Vorbereitung: 25 Min. plus Ruhezeit

Garzeit: 25 Min.

Zutaten

450 g Mehl, plus etwas mehr zum Bestäuben

½ TL Salz

½ TL Trockenhefe

2 EL frisch gehackter Rosmarin, plus etwas mehr zum Garnieren

5 EL natives Olivenöl extra, plus etwas mehr zum Einfetten

1 rote Zwiebel, in Ringe geschnitten

1 EL grobkörniges Meersalz

Zubereitung

1 Mehl und Salz in eine Schüssel sieben und Hefe und Rosmarin unterrühren. Eine Mulde in die Mitte drücken und Öl und 300 ml warmes Wasser hineingießen. Mit einem Holzlöffel nach und nach die trockenen Zutaten mit den nassen vermengen.

2 Den Teig auf einer bemehlten Arbeitsfläche 8–10 Minuten kneten, bis er glatt und elastisch ist. In eine saubere Schüssel legen, mit eingefetteter Frischhaltefolie abdecken und an einem warmen Ort 1 Stunde gehen lassen, bis er sein Volumen verdoppelt hat. Den Teig auf eine bemehlte Arbeitsfläche legen und nochmals 1 Minute gut durchkneten.

3 Den Backofen auf 200°C vorheizen. Ein Backblech einfetten. Den Teig vorsichtig ausrollen, bis er einen Durchmesser von etwa 30 cm hat. (Der Fladen muss keinen perfekten Kreis ergeben; die traditionelle Form ist leicht oval.) Den Teig auf das Backblech legen, mit einem sauberen Tuch abdecken und an einem warmen Ort 20–30 Minuten gehen lassen.

4 Mit einem Holzlöffelstiel in 5 cm großen Abständen kleine Löcher in den Teig drücken. Die Zwiebelringe auf dem Teig verteilen und mit dem restlichen Öl beträufeln. Mit dem Salz bestreuen und im Ofen 20–25 Minuten goldbraun backen. 5 Minuten vor Ende der Backzeit das Fladenbrot mit gehacktem Rosmarin garnieren. Ein paar Minuten auf einem Kuchengitter abkühlen lassen und noch warm servieren.

Kräuter-Scones

Ergibt 8 Scones

Vorbereitung: 15 Min. plus Ruhezeit

Garzeit: 15–20 Min.

Zutaten

250 g Mehl

60 g vegane Margarine, plus etwas mehr zum Einfetten

4 TL Backpulver

2 EL frisch gehackte Kräuter, z. B. Thymian und Salbei

2 EL Hefeflocken

Pfeffer

175 ml Sojamilch

1 EL Mohnsaat

Zubereitung

1 Den Backofen auf 200 °C vorheizen. Ein Backblech einfetten.

2 Das Mehl in eine große Schüssel geben, und die Margarine mit den Fingern hineinreiben, bis eine feinkrümelige Masse entsteht. Backpulver, Kräuter, Hefeflocken und Pfeffer untermischen. Die Sojamilch mit einem Holzlöffel einarbeiten, bis ein weicher, klebriger Teig entsteht.

3 Den Teig auf dem vorbereiteten Backblech zu einem dicken, runden Fladen formen und mit einem Messer acht Stücke markieren. Mit dem Mohn bestreuen.

4 Im vorgeheizten Ofen 15–20 Minuten backen. Zur Probe einen Holzspieß in die Mitte stechen; er sollte trocken und sauber wieder herauskommen. Etwa 5 Minuten auf dem Blech abkühlen lassen, dann in Stücke schneiden und warm servieren.

1

2

3

Kleine Paprikapasteten

Ergibt 4 Pasteten Vorbereitung: 20 Min. Garzeit: 35–45 Min.

Zutaten

5 rote, orangefarbene und/oder gelbe Paprika, in Streifen

2 EL Sonnenblumenöl

Teig

250 g Mehl, plus etwas mehr zum Bestäuben

2½ TL Backpulver

2 EL Hefeflocken

1 Prise Salz

55 g vegane Margarine

150 ml Sojamilch

Zubereitung

1 Den Backofen auf 190 °C vorheizen.

2 Die Paprikastreifen in einer großen Auflaufform verteilen und mit dem Öl beträufeln. Im vorgeheizten Ofen 15–20 Minuten garen, bis sie weich, aber noch nicht gebräunt sind. Abkühlen lassen. Den Ofen nicht ausschalten.

3 Für den Teig Mehl, Backpulver, Hefeflocken und Salz in einer großen Schüssel mit einem Holzlöffel mischen. Die Margarine mit den Fingern hineinreiben. Nach und nach die Sojamilch von Hand einarbeiten, bis ein weicher Teig entstanden ist.

4 Den Teig auf einer leicht bemehlten Arbeitsfläche kneten und zu einer Kugel formen. In vier gleich große Portionen teilen und diese zu etwa 18 cm großen Kreisen ausrollen. (Der Teig sollte etwas über den Rand der Backformen ragen.) Vier Backformen mit Hebeboden (12 cm Ø) mit den Teigkreisen auslegen. Überstehenden Teig nicht abschneiden.

5 Die Paprikastreifen in die Formen füllen und die Teigränder leicht nach innen biegen.

6 Im vorgeheizten Ofen 20–25 Minuten goldbraun backen. Warm oder kalt servieren.

2

3

4

Brotstangen mit Sesam & Schwarzkümmel

Ergibt 20 Stangen

Vorbereitung: 20 Min. plus Ruhezeit

Garzeit: 15 Min.

Zutaten

veganer Ersatz für 2 Eier

350 g helles Brotmehl, plus etwas mehr zum Bestäuben

2 TL Xanthan

7 g Trockenbackhefe

3 EL Hefeflocken

2 TL feiner Zucker

1 EL frisch gemahlener Pfeffer

2 EL Olivenöl

Pflanzenöl, zum Einfetten

1 EL Sesamsaat

1 EL Schwarzkümmelsaat

Zubereitung

1 Den Ei-Ersatz in einer Schale nach Packungsangaben zubereiten und mit einer Gabel aufschlagen, bis er Blasen wirft. Die Hälfte der Masse zum späteren Bestreichen der Brotstangen abnehmen und beiseitestellen.

2 Mehl und Xanthan in eine große Schüssel sieben. Trockenbackhefe, Hefeflocken, Zucker und Pfeffer mit einem Holzlöffel untermischen. Eine Vertiefung in die Mitte drücken. Olivenöl und Ei-Ersatz mit 225 ml lauwarmem Wasser in einem Messbecher verrühren und in die Vertiefung gießen. Mit dem Holzlöffel mit den Trockenzutaten zu einem Teig verarbeiten. Den Teig auf einer leicht bemehlten Arbeitsfläche 5 Minuten kneten und zu einer Kugel formen. In eine Schüssel geben und mit Frischhaltefolie abgedeckt an einem warmen Ort etwa 1 Stunde gehen lassen, bis sich das Teigvolumen verdoppelt hat.

3 Den Backofen auf 220 °C vorheizen. Ein Backblech einfetten und mit Backpapier belegen.

4 Den Teig auf einer leicht bemehlten Arbeitsfläche zu einer Rolle formen und in 20 gleich große Portionen teilen. Diese zu etwa 30 cm langen Stangen rollen und auf das vorbereitete Backblech legen. Mit dem beiseitegestellten Ei-Ersatz bestreichen und mit Sesam und Schwarzkümmel bestreuen.

5 Im vorgeheizten Ofen 15 Minuten backen, bis die Stangen Farbe annehmen. Kurz abkühlen lassen, dann auf ein Kuchengitter heben und vollständig abkühlen lassen.

Rosmarin-Knoblauch-Brotstangen

Ergibt 20 Stangen

Vorbereitung: 20 Min. plus Ruhezeit

Garzeit: 15 Min.

Zutaten

veganer Ersatz für 2 Eier

350 g helles Brotmehl, plus etwas mehr zum Bestäuben

2 TL Xanthan

2 TL feiner Zucker

2 EL Olivenöl

7 g Trockenbackhefe

Pflanzenöl, zum Einfetten

2 EL fein gehackter frischer Rosmarin

1 EL Knoblauchpulver

Zubereitung

1 Den Ei-Ersatz in einer Schale nach Packungsangaben zubereiten und mit einer Gabel aufschlagen, bis er Blasen wirft. Die Hälfte der Masse zum späteren Bestreichen der Brotstangen abnehmen und beiseitestellen.

2 Mehl und Xanthan in eine große Schüssel sieben. Trockenbackhefe und Zucker mit einem Holzlöffel untermischen. Eine Vertiefung in die Mitte drücken. Olivenöl und Ei-Ersatz mit 225 ml lauwarmem Wasser in einem Messbecher verrühren und in die Vertiefung gießen. Mit einem Holzlöffel mit den Trockenzutaten zu einem Teig verarbeiten. Den Teig auf einer leicht bemehlten Arbeitsfläche 5 Minuten kneten und zu einer Kugel formen. In eine Schüssel geben und mit Frischhaltefolie abgedeckt an einem warmen Ort etwa 1 Stunde gehen lassen, bis sich das Teigvolumen verdoppelt hat.

3 Den Backofen auf 220 °C vorheizen. Ein Backblech einfetten und mit Backpapier belegen.

4 Die Arbeitsfläche mit Mehl bestäuben. Rosmarin und Knoblauchpulver darauf verteilen. Den Teig daraufgeben und kneten, bis Rosmarin und Knoblauchpulver eingearbeitet sind. Den Teig zu einer Rolle formen und in 20 gleich große Portionen teilen. Diese zu etwa 30 cm langen Stangen rollen und auf das vorbereitete Backblech legen. Mit Ei-Ersatz bestreichen.

5 Im vorgeheizten Ofen 15 Minuten backen, bis die Stangen Farbe annehmen. Kurz abkühlen lassen, dann auf ein Kuchengitter heben und vollständig abkühlen lassen.

Kräcker

Ergibt 30 Kräcker

Vorbereitung: 15 Min. plus Abkühlzeit

Garzeit: 15–18 Min.

Zutaten

175 g Mehl, plus etwas mehr zum Bestäuben

30 g Hefeflocken

1 TL getrockneter Thymian

Salz und Pfeffer

3 EL Rapsöl

Zubereitung

1. Den Backofen auf 180 °C vorheizen und ein Backblech mit Backpapier belegen.
2. Mehl, Hefeflocken und Thymian in eine große Schüssel geben. Salzen und pfeffern. Die Zutaten mit einem Holzlöffel mischen.
3. Öl und nach und nach 6–7 Esslöffel kaltes Wasser von Hand einarbeiten, bis ein weicher, nicht klebender Teig entsteht.
4. Den Teig auf einer leicht bemehlten Arbeitsfläche etwa 3 mm dick ausrollen und Plätzchen (2,5–5 cm Ø) ausstechen. Die Teigreste immer wieder zusammenkneten und neu ausrollen. Die Kräcker auf das vorbereitete Backblech legen.
5. Im vorgeheizten Ofen 15–18 Minuten backen, bis die Unterseite zu bräunen beginnt. Die Kräcker einige Minuten auf dem Backblech abkühlen lassen, dann mit einem Palettenmesser auf ein Kuchengitter heben und vollständig abkühlen lassen.

Früchtebrot

Für 4 Portionen

Vorbereitung: 15 Min. plus Ruhezeit

Garzeit: 30 Min.

Zutaten

je 55 g entsteinte Backpflaumen und 55 g getrocknete Aprikosen, klein geschnitten

je 40 g getrocknete Apfelringe und getrocknete Cranberrys

150 ml Apfelsaft

450 g Mehl

1½ EL Backpulver

2 TL Xanthan

¼ TL Salz

2 EL Sonnenblumenöl, plus etwas mehr zum Einfetten

225 ml Sojamilch, plus etwas mehr zum Bestreichen

4 EL Ahornsirup

1 EL Kürbiskerne

Zubereitung

1 Die Trockenfrüchte mit dem Apfelsaft in eine Schale geben und abgedeckt etwa 30 Minuten quellen lassen.

2 Den Backofen auf 200 °C vorheizen. Ein Backblech einfetten. Mehl, Backpulver, Xanthan und Salz in eine große Schüssel sieben und eine Vertiefung in die Mitte drücken. Öl, Sojamilch und Ahornsirup in einer zweiten Schüssel verquirlen und in die Vertiefung gießen. Mit Trockenzutaten, Früchten und Saft zu einem weichen, aber nicht klebrigen Teig verarbeiten. Falls der Teig zu trocken wird, noch etwas Sojamilch zufügen.

3 Den Teig auf dem Backblech zu einem runden Laib formen. Kreuzweise tief einschneiden und etwas auseinanderziehen. Mit Sojamilch bestreichen und mit den Kürbiskernen bestreuen.

4 Im vorgeheizten Ofen 25–30 Minuten goldbraun backen. Das Brot sollte sich beim Dagegenklopfen hohl anhören.

Kartoffelmuffins

Ergibt 8 Muffins   Vorbereitung: 20 Min.   Garzeit: 25 Min.

Zutaten

300 g gekochte Kartoffeln

veganer Ersatz für 2 Eier

150 g vegane Margarine, plus etwas mehr zum Einfetten

25 g brauner Zucker

175 g Mehl

2¾ TL Backpulver

3 EL Schnittlauchröllchen

Salz und Pfeffer

Zubereitung

1 Den Backofen auf 180 °C vorheizen. Acht Vertiefungen einer Muffinform einfetten.

2 Die Kartoffeln zu einer glatten Masse zerdrücken. Den Ei-Ersatz in einer Schale nach Packungsangaben zubereiten und mit einer Gabel aufschlagen, bis er Blasen wirft.

3 Margarine und Zucker in einer Schüssel mit einem elektrischen Rührgerät oder einer Gabel cremig rühren. Die restlichen Zutaten zufügen und kurz einarbeiten, bis Ei-Ersatz und Schnittlauch verteilt sind und ein grober Teig entsteht. Nicht zu lange rühren, sonst werden die Muffins klebrig.

4 Den Teig in die vorbereiteten Vertiefungen füllen und im vorgeheizten Ofen 25 Minuten goldbraun und knusprig backen.

2

3

4

Rote-Bete-Muffins

Ergibt 12 Muffins

Vorbereitung: 20 Min. plus Abkühlzeit

Garzeit: 25 Min.

Zutaten

225 g Mehl

1½ TL Backpulver

1½ TL Natron

½ TL Xanthan

1 TL Salz

1 TL gemahlener Zimt

1 TL gemahlener Ingwer

75 ml Kokosöl

100 ml Agavendicksaft

150 ml Sojamilch

115 g rohe Rote Beten, geschält und geraspelt

Zubereitung

1 Den Backofen auf 180 °C vorheizen. Eine 12er-Muffinform mit Papierbackförmchen auslegen.

2 Mehl, Backpulver, Natron, Xanthan, Salz und Gewürze in einer großen Schüssel mischen. Öl, Agavendicksaft und Sojamilch sorgfältig unterrühren. Die Roten Beten unterziehen.

3 Den Teig in die vorbereiteten Förmchen füllen.

4 Im vorgeheizten Ofen 25 Minuten backen. Zur Probe einen Holzspieß in die Mitte stechen; er sollte trocken und sauber wieder herauskommen. Die Muffins 5 Minuten in der Form abkühlen lassen, dann auf ein Kuchengitter heben und vollständig abkühlen lassen.

2

2

3

Maismuffins

Ergibt 12 Muffins

Vorbereitung: 20 Min. plus Ruhezeit

Garzeit: 20–25 Min.

Zutaten

vegane Margarine, zum Einfetten
250 ml Sojamilch
1 EL veganer Apfelessig
300 g feiner Maisgrieß (Polenta)
1 EL Backpulver
1 TL Natron
1 TL Salz
4 EL Apfelmus
3 EL Ahornsirup
4 EL Olivenöl
1 Jalapeño-Chili, entkernt und gehackt

Zubereitung

1 Den Backofen auf 180 °C vorheizen. Eine 12er-Muffinform mit Margarine einfetten.

2 Die Sojamilch mit dem Essig in einem Messbecher verquirlen und einige Minuten zum Gerinnen stehen lassen.

3 Maisgrieß, Backpulver, Natron und Salz in einer großen Schüssel mit einem Holzlöffel mischen.

4 Die Sojamilchmischung darübergießen. Apfelmus, Ahornsirup, Olivenöl und Chili zugeben und alles rasch zu einem Teig verarbeiten. Den Teig in die vorbereitete Form füllen und im vorgeheizten Ofen 20–25 Minuten backen. Zur Probe einen Holzspieß in die Mitte stechen; er sollte trocken und sauber wieder herauskommen. Die Muffins 5 Minuten in der Form abkühlen lassen, dann auf ein Kuchengitter heben. Warm servieren.

1

3

4

REGISTER

This edition published by Parragon Books Ltd

Parragon Books Ltd
Chartist House
15–17 Trim Street
Bath BA1 1HA, UK
www.parragon.com

Realisation der deutschen Ausgabe:
trans texas publishing services GmbH, Köln
Redaktion und Satz: lesezeichen Verlagsdienste, Köln

ISBN 978-1-4748-3900-6
Printed in China

HINWEIS

Sind Zutaten in Löffeln angegeben, ist immer ein gestrichener Löffel gemeint: Ein Teelöffel entspricht 5 ml, ein Esslöffel 15 ml. Einzelne Gemüsestücke sind von mittlerer Größe. Pfeffer wird grundsätzlich frisch gemahlen verwendet. Wurzelgemüse sollte vor der Weiterverarbeitung geschält werden.

Garnierungen, Dekorationen und Serviervorschläge sind kein fester Bestandteil der Rezepte und daher nicht unbedingt in der Zutatenliste oder Zubereitung aufgeführt. Die angegebenen Zeiten können von den tatsächlichen abweichen, da je nach Zubereitungsmethode und vorhandenem Herdtyp Schwankungen auftreten.

Schwangere und stillende Frauen sollten den Verzehr von Erdnüssen oder erdnusshaltigen Zubereitungen vermeiden. Allergiker sollten bedenken, dass in allen in diesem Buch verwendeten Fertigprodukten Spuren von Nüssen enthalten sein könnten. Bitte lesen Sie in jedem Fall zuvor die Verpackungsangaben.